Melanie Brozeit

Blaue Glücksorte im Ruhrgebiet

Fahr raus und tauch ein

Droste Verlag

Für meinen Lieblingsschiffsführer Peter Jännert und unseren Kapitän Jochen Klindworth. Meine Herzens-Besatzung: Mama, Werner und Marcel. Danke an die Schwieger-Familie Jännert. Die besten Bootsmädchen und -jungs, meine Patenkinder: Lillian, Martin, Oskar, Valerie und Vivien. Die besten Crews: die Familien Cassau, Frenzel, Hardenberg, Kelly, Klein/Stimpel, Krauledat, Maack, Plöger, Schauenburg, Schüttfort/Pracht und Ziesche sowie Bootshund Lutz. Seit ewig mit mir an Bord: Barbara Feind, Tanja Kelly, Katja Schauenburg. Alle Seemänner und -frauen beim MSYC. Für Jana Brandt und ihre tolle Besatzung. Danke an meine Lotsin und Lektorin Ute Voges und den Droste Verlag.

Liebe Glücksuchende,

Egal, wo ich auf der Welt war, meine zutiefst geliebte Heimat, das Ruhrgebiet, blieb immer in meinem Herzen. Mein Wohnort Köln meint es bis heute sehr gut mit mir. Doch da war immer der innige Wunsch, im „Pott“ noch einmal sesshaft zu werden. Das geschah auf ganz ungeplante Art und Weise und in Form eines Bootes, das nun schon sehr lange unser zweites Zuhause ist. Dieses lehrt einen immer wieder Demut und vor allem Geduld. Zum Beispiel beim winterlichen Streichen vom Unterwasserschiff und dem Lernen von Zungenbrechern wie „Ruhrschifffahrtsverordnung“. Dafür wird man mit vielen wunderschönen Stunden auf dem Wasser belohnt. An einem traumhaften Boots-Liegeplatz im Ruhrgebiet und mit vielen Lieblingsmenschen und Seelenverwandten aus unserem Bootsverein. Für mich war es eine Heimkehr. Und als ich seit Langem wieder das vertraute „Hömma“ hörte, ging mir das Herz auf. Ich weiß nun, wie gut frische Mettbrötchen schmecken, wenn unsere Steganlage gemeinschaftlich aufgebaut wird. Und dass man die Deutschlandflagge am Schiff nach Sonnenuntergang einholt. Sonst muss man einen ausgeben. Durch das Schiff haben wir die Gewässer im Ruhrgebiet von einer neuen und faszinierenden Seite kennengelernt. Zweimal ging es mit dem Boot bereits auf die Elbe bei Hamburg, was ebenfalls ein aufregender „Schnack“ ist. Doch nirgendwo ist es so schön wie im Ruhrgebiet. Und daher möchte ich meine ganz persönlichen und blauen Glücksorte aus fünfzehn Jahren „Seefahrt“ mit Ihnen teilen.

Glück auf, ahoi!

Ihre Melanie Brozeit

Deine Glücksorte ...

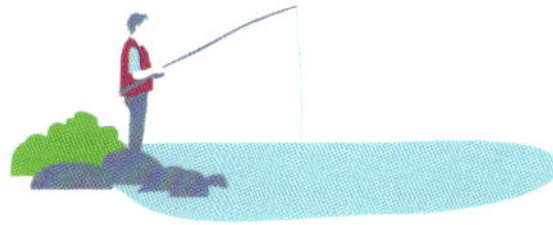

… noch mehr Glück für dich

Glück im Doppelpäckchen

1 *Tretbootverleih in Essen*

Heute sind wir der Kapitän und bestimmen den Kurs auf dem ganz eigenen Traumschiff. Mit einem knallbunten Tretboot geht es auf den Stausee in Kettwig, der direkt an der einzigartigen und historischen Altstadt gelegen ist. Rein formell muss vor dem Ablegen von Booten der zuständige Schiffsführer bestimmt werden. Aber heute darf jeder einmal ans Steuer oder, besser gesagt, an die Pedale. Die Schiffstour im Miniatur-Format startet an der Kettwiger Promenade direkt hinter der Schleuse. Am Steg gibt es eine große Auswahl an unterschiedlichen Booten: Tret- und Elektroboote sowie Kanadier und Ruderboote. Alle haben sich sehr auf diesen Ausflug gefreut und an alles gedacht: An Badehandtücher, Sonnencreme, ein kleines Radio, und im Picknickkorb ist so viel Proviant wie für eine Weltumsegelung. Natürlich sind auch die Lieblingsmenschen mit von der Partie. Und da es davon ja oft mehrere gibt, kann man auch zwei Tretboote mieten und diese mit einer Leine verbinden. In der Seemannssprache heißt das Päckchen, aber heute ist es die ganz persönliche Glücksflotte. Auch der Familienhund darf mit, und wer ganz sicher gehen will, dass diesem nichts passiert, besorgt sich eine knallrote Schwimmweste für Vierbeiner. Es geht richtig gut vorwärts mit dem kleinen Schiff, und die Sonne scheint aus allen Knopflöchern. Wer noch genug Muskelkraft hat, plant eine Extra-Runde bis zur Eisenbahnbrücke ein. Dort befindet sich der Yacht-Hafen vom Bootsclub MBC Kettwig. Die großen und kleinen Schiffe liegen an sogenannten länglichen Fingerstegen nebeneinander. Doch im Moment reicht reine Muskelkraft zum Glücklichsein. Als sich auf dem Rückweg ein Ausflugsdampfer nähert, bleibt man gebührend auf Abstand, winkt aber den Fahrgästen fröhlich zu und bedankt sich mit einem Moin bei der Crew dafür, dass sie auf die Tretbootbesatzung Rücksicht genommen hat. Das alles geht mit wenigen Worten, wie das so ist unter echten Seeleuten. Doch um ganz ehrlich zu sein, könnte das Glück gerade nicht größer sein.

TIPP Nur weniger Meter entfernt liegt das Restaurantschiff Thetis, www.thetis-radstop.de

Bootsverleih Kettwig, April–Oktober, Promenadenweg 13, 45219 Essen, Tel. (01 63) 9 26 07 16
www.bootsverleih-kettwig.de

ÖPNV: Bus 772, Haltestelle Kettwig Brücke

16 BV-Kettwig
4 Personen
3 Personen

Schiff in Sicht

2 *Das Dattelner Meer in Datteln*

Offiziell heißt einer der größten Kanalknotenpunkte der Welt ziemlich unromantisch Kanalkreuz Datteln, doch so ziemlich jeder Berufsschiffer, Einheimischer oder Tourist spricht nur vom Dattelner Meer. Denn hier fließen auf 17 Kilometern Wasserwegen gleich vier Kanäle zusammen und bilden eine einzigartige und wunderschöne Wasserfläche, so weit das seemännische Auge reicht. Es gibt quasi eine Familienzusammenführung von Dortmund-Ems-Kanal, Datteln-Hamm-Kanal, Rhein-Herne-Kanal und Wesel-Datteln-Kanal. Für Freunde der Nautik gleich noch die Abkürzungen: DEK, DHK, RHK, WDK. Keine Sorge, die muss niemand auswendig lernen oder als Funkspruch senden, aber merken sollte man sich das einzigartige Dattelner Meer unbedingt. Notfalls auch mit einem Kreuzknoten im Taschentuch, denn der löst sich nicht so leicht. Entlang der vier Kanäle befinden sich unzählige Spazier- und Radwege sowie gemütliche Ausflugslokale. Und vor allem – es gibt immer was zu gucken. In Datteln stationiert ist auch eine Wache der Wasserschutzpolizei, die unter Bootsfahrern gerne Waschpo genannt wird. Und wer deren Schiffe einmal im Einsatz und in voller Gleitfahrt bei einem Unwetter erlebt hat, wird Miami Vice für eine nette Kinderserie halten. Außerdem finden Ausflügler an dieser imposanten Wasserfläche in Datteln unzählige wasserbauliche Objekte wie die Schleusengruppe Datteln, zu der eine große und eine kleine Schleuse gehören, sowie ein riesiges, oberirdisches Schiebetor. Dieses diente 1964 bei der Erbauung der kleinen Schleuse als Sicherungsmaßnahme im Fall einer Bergsenkung beim Bergbau. Um 1914 wurden zum Kanalkreuz Datteln Lastkähne ohne Motoren geschleppt, und man konnte Fahrscheine für die Binnenschifffahrt erwerben. Heute fahren die Berufsschiffe im Minutentakt vorbei, und wer mag, nimmt auf einer Bank am Ufer Platz und spielt Schiff in Sicht. Dabei einfach bei jedem Besuch die Namen der vorbeifahrenden Schiffe notieren und sich auf ein baldiges Wiedersehen freuen. Ahoi, Kameraden!

TIPP

Wer mag, probiert den Kräuterlikör Dattelner Kanalfeuer.

Dattelner Meer/Kanalkreuz Datteln, Hafenstraße, 45711 Datteln
www.datteln.de
ÖPNV: Bus SB 24, Haltestelle Postamt Datteln

Natürliche Schönheit

3 *Das Naturfreibad Froschloch in Dortmund*

Es ist nicht zu verleugnen, dass viele Schwimmer bei einem Naturfreibad zuerst einmal an alles Unbekannte denken, was sich da im Wasser und unter den Füssen tummeln könnte. Doch im Naturbad Froschloch in Dortmund-Hombruch muss sich darüber niemand Gedanken machen, dass es etwas zu viel mit der Natürlichkeit werden könnte. Denn in diesem beliebten Bad ist alles genauso gestaltet wie in einem herkömmlichen Schwimmbad – nur mit dem großen Unterschied, dass die Wasseraufbereitung auf ganz natürliche Weise und komplett ohne Chemie und vor allem ohne Chlor stattfindet. Das kann für viele Allergiker ein wahrer Segen sein. Und für diese Aufgabe ist ein Gerät am Werk, das perfekte Arbeitet leistet – der sogenannte Neptunfilter. Bereits 1927 wurde das jetzt älteste Freibad in Dortmund eröffnet, und damals speisten die Betreiber dieses noch mit dem Wasser des Kirchhörder Bachs, der auf dem Gelände vom Naturbad Froschloch verlief. Heute sehen das Schwimmbad und die gesamte Anlage so sauber und freundlich aus wie ein Wellness-Bad, nur eben unter freiem Himmel. Es gibt vier 25-Meter-Schwimmbahnen und einen abgetrennten Nichtschwimmer- und Kinderbereich. Hier erscheint nichts wie mit dem Lineal gezogen, sondern die alten Bäume und vielen Sträucher erinnern eher an einen stillvollen Park mit grünen Wiesen. Das liegt auch daran, dass die 1926 erbaute, schneeweiße Villa Froschloch direkt über dem Gelände thront. Der denkmalgeschützte Prachtbau aus Holz dient heute als Gästehaus für Sportvereine und Schulklassen. Und damit sich Historie und Gegenwart hier gut vermischen, sind die Mauern rund um die Schwimmbecken ebenfalls aus hellem Naturstein gebaut worden. Ein feiner Sandstrand lässt einen dabei an den nächsten Urlaub denken. Obwohl, Strandkörbe gibt es in DO auch. Und das Wasser ist so klar und türkisfarben, dass niemand in die Ferne schweifen muss. Höchstens mit den Gedanken und wenn es darum geht, ob noch gemütlich eine Bahn geschwommen wird und einen später die Sonne trocknet.

TIPP

Unbedingt die Wasserrutsche ausprobieren.

Naturfreibad Froschloch, Löttringhauser Straße 103, 44225 Dortmund, Tel. (02 31) 71 25 60

ÖPNV: Bus 448, Haltestelle Froschloch

Junge, komm bald wieder

4 *Die Rheinfähre Keer Tröch II. in Wesel*

Seit Jahrhunderten gibt es eine Fährverbindung zwischen dem Weseler Ortsteil Bislich am Rhein und der Römerstadt Xanten. Die Bewohner der Region waren lange Fischer oder Schiffer und somit auf die Fährverbindung angewiesen. Jede der Fahrten startet am Fähranleger in Bislich, doch zu keiner der Fähren gab es je so eine persönliche Bindung wie zur Keer Tröch II., die seit 1995 die Ufer verbindet. Sie wird vom Heimatverein Bislich betrieben, und ein ganzes Dorf hegt und pflegt diese Personenfähre. Sie ist so etwas wie die Ehrenbürgerin des Ortes. Davor gab es bereits die Keer Tröch I., die schon 1991 in See gestochen ist. Bis heute darf die Fährverbindung Bislich-Xanten nur von Fußgängern, Radfahrern und Motorrädern genutzt werden. Einmal über den Fluss und zurück kostet weniger als drei Kugeln Eis. Passagiere kehren eventuell mit leicht verwehten Haaren an Land zurück, dafür aber mit einem breiten Lächeln. Denn Keer Tröch bedeutet kehr zurück, und das lässt sich im grünen Naturschutzgebiet der Rheinauen niemand zweimal sagen. Hier sieht man Störche und arktische Wildgänse, auf den grünen Wiesen weiden friedlich Schafe und Pferde. Und wieder einmal stellt man voller Respekt fest, was für ein imposantes Gewässer der Rhein doch ist. Obwohl die Überfahrt nur wenige Minuten dauert, darf die Strömung niemals unterschätzt werden. Daher wird die Keer Tröch in jedem Winter generalüberholt. Dabei gibt es einen Anstrich am unteren Teil des Schiffes, der vor Algenbewuchs und Muscheln schützt. Frisch gestärkt nimmt die Fähre dann von April bis Oktober ihren Dienst auf. Immer am Mittwoch, Freitag, am Wochenende und an Feiertagen. Nur am 1. Mai muss etwas Geduld mitgebracht werden, denn dann ist der Anleger in Bislich ein beliebter Treffpunkt für Radfahrer. Die Fährverbindung nach Xanten kann in die sogenannte Keer-Tröch-Weg-Radtour integriert werden, oder man plant die Drei-Flüsse-Tour entlang von Rhein, Issel und Lippe. Es muss nur eines fest versprochen werden: Keer Tröch.

TIPP

Bislich hat eine eigene Storchen-Kamera, www.bislich.de/content/storchencam

Fähre Keer Tröch II., Marwick 26, 46487 Wesel, Tel. (01 51) 22 98 80 89
ÖPNV: Bus 86, Haltestelle Bislich Ortsmitte

SWISS RADAR
BISLICH
F
04032930
Keen Tied II
BELICHA

Die Brücken am Fluss

5 *Brückenlandschaft Ruhraue in Duisburg*

Ein Besuch der historischen Brückenlandschaft Ruhraue zwischen Duisburg und Mülheim an der Ruhr ist wie eine kleine Zeitreise durch das Ruhrgebiet. Egal, ob man mit dem Auto unter den Brücken durchfährt, sie mit dem Fahrrad oder zu Fuß passiert oder einfach bei Regen nur Schutz sucht. Fast niemand kann sich von diesem Anblick lösen, und jeder ist sofort fasziniert von diesen sieben alten Brücken, die kurz hintereinander gebaut wurden. In drei Jahrhunderten musste diese Brückenlandschaft einiges überstehen und auch aushalten. Patina ließ sich dabei nicht vermeiden, doch dieses Ensemble gehört zur Route der Industriekultur, und hier ist nichts auf Hochglanz poliert. Obwohl die Brücken schon einige Jahre auf dem Buckel haben, werden sie heute noch für den Bahnverkehr und die Industrie genutzt. Auf den ersten Blick scheinen diese Flussübergänge über die Ruhr sehr ähnlich gebaut zu sein, doch jeder hat ein ganz eigenes und faszinierendes Gesicht. Alle sind im sogenannten Fachwerkstil errichtet, der rautenförmig die Seitenwände bildet und von Tausenden stabilen Nieten gehalten wird. Es sieht aus, als würde sich die Brückenlandschaft Ruhraue an den Händen halten und dabei eine feste Einheit bilden. Um sie herum wachsen Efeu, Bäume und Sträucher und umrunden die alten Stahlkonstruktionen. Jedes Brücken-Bauwerk wurde zu einem anderen Zeitpunkt gebaut und diente immer dazu, die Menschen in der Region zu verbinden und so ihre Zukunft zu sichern. Diese gewachsene Struktur hat den verträumten Ort in der Nähe von Kaiserberg und Duisburger Zoo stolz und einzigartig gemacht. Hier erkennt der Besucher wieder einmal die wahre Schönheit von Bauwerken, die nicht perfekt sind und doch eine ganz besondere Aura ausstrahlen. An einem Sonntag ist es in der Gegend um die Brückenlandschaft Ruhraue so ruhig, dass das einzige Geräusch Vogelzwitschern ist. Daher lohnt es sich, ein bisschen zu verweilen und diese wunderschöne Stille zu genießen. Denn schon bald treten die Brücken wieder zum Dienst an.

TIPP

Man kann von hier aus prima entlang einer Allee zum Innenhafen in Duisburg laufen.

Brückenlandschaft Ruhraue, Ruhrdeich, 47058 Duisburg
ÖPNV: Bus 944 bis Haltestelle Werthacker

Seepferdchen in Gold

6 *Die Wasserskianlage am Toeppersee in Duisburg*

Auf dem Weg zu einem gepflegten Sonntags-Spaziergang am Rhein blitzt aus den Augenwinkeln das Schild für die Wasserskianlage am Toeppersee bei Duisburg-Rheinhausen auf. Sie liegt in unmittelbarer Nähe zu Moers und eigentlich in keiner Umgebung, in der diese dynamische Sportart vermutet würde. Doch wie so oft liegen die blauen Glücksorte direkt vor der Haustür, und die Freude ist umso größer. Dabei fällt einem ein, dass Wasserskifahren schon immer auf der lebenslangen To-do-Liste stand. Vielleicht nicht ganz oben, denn ein bisschen fehlte immer der Mut, doch heute traut man sich ganz spontan und weiß sich bei der Eigentümerfamilie König bestens aufgehoben. Diese hat die Wasserskianlage 1990 erbaut und steht Kursteilnehmern und Ausflüglern mit großer Herzlichkeit und Ruhe zur Seite. Der Betrieb ist am kleinen Toeppersee angesiedelt, den sicher nicht jeder kennt. Der bekanntere und große Toeppersee in direkter Umgebung entstand Ende des 19. Jahrhunderts bei Auskiesungsarbeiten und ist einer der größten Baggerseen der Region. Hier wurden früher bis zu 570.000 Tonnen Kies und Sand jährlich gefördert, doch 1966 wurde mit der Rekultivierung des Gewässers begonnen. Und so gibt es heute, gut gerüstet mit Helm, Neoprenanzug und Schwimmweste, aber ein bisschen aufgeregt die erste Lektion in Sachen Wasserskifahren. Die größte und schwerste Herausforderung dabei ist, erst einmal aus der Hocke hochzukommen, denn das erfordert ganz schön Kraft. Aus der Ferne sieht es so leicht aus, und Fehlversuche bei anderen hat man stets von oben herab belächelt. Es ist ja auch deutlich einfacher, vom trockenen Ufer aus Kritik zu üben. Doch das Glück ist heute auf unserer Seite, und das Aufrichten klappt gleich im dritten Versuch – zumindest für ein paar kurze Augenblicke. Doch wie heißt es so schön, „aufstehen, Krone richten, und es geht weiter". Der Preis als eleganteste Badenixe wurde heute zwar nicht gewonnen, aber dafür wird hochzufrieden ein weiterer Strich auf der To-do-Liste gemacht.

TIPP Hier bekommt man auch prima Hilfestellung beim Wakeboarden.

Wasserskianlage Toeppersee, Lohfelder Weg 91, 47239 Duisburg, Tel. (0 21 51) 40 37 47
www.toeppersee.de

ÖPNV: Bus SB 42, Haltestelle An der Cölve

RIXEN
Cableways
WASSERSKI
KNEEBOARD
WAKESKATE
Sitzstart
Start
Kurven
Ausstieg
VIEL SPASS!
rixen-cableways.com
WARNING
MAXIMUM RIDE LIMIT
5
LAPS

Sternstunde am Wasser

7 *Franky's Ruhrkristall in Mülheim*

Das Restaurant Franky's Ruhrkristall in Mülheim an der Ruhr versteht es meisterhaft, mit der Sonne um die Wette zu strahlen. Sollte diese untergehen, dann übernehmen die Sterne die Arbeit. Nicht umsonst wird das Gebäude der Ruhrkristall genannt, denn hier steht ein richtiges Juwel für unvergessliche Feiern und genussvolles Essen. Das Lokal schwebt fast wellenförmig über der Ruhr, und ein Holzsteg umrundet den ovalen Bau zur Wasserseite an der Schlossbrücke hin. Die Besucher verlieben sich sofort in die großen Panoramafenster und die luftigen Gasträume. Ecken gibt es in diesem Bau fast gar nicht, und der schönste Weg hierher ist über eine Holzbrücke über die Ruhr, die direkt zum Lokal führt. Doch das Besondere ist, dass Feiern ganz auf die Wünsche des Gastes zugeschnitten werden und das entweder im Rondell, dem Kamin- oder Gerberzimmer. Dabei gibt es die perfekte Sicht auf die Schleuse und den Kassenberg am Ruhrufer. Von Franky's Ruhrkristall aus sind zudem fast alle wichtigen Sehenswürdigkeiten von Mülheim zu sehen. Die Stadthalle, der Hafen Ruhrbania und seine Promenade sowie die grüne Oase MüGa, wo 1992 die Landesgartenschau stattfand. Natürlich darf bei diesem Ausblick der historische Rathausturm nicht fehlen. Auch Prinzessin Luise, die spätere Königin von Preußen, besuchte regelmäßig Schloss Broich, das ebenfalls im direkten Umfeld vom Ruhrkristall liegt. Entsprechend fürstlich wird im Lokal jeder Gast behandelt. Die Einrichtung dort ist so ausgerichtet, dass der Blick immer auf den Fluss fällt, und wenn Hochzeiten oder Geburtstage gefeiert werden, dann steht immer die reine und pure Lebensfreude im Mittelpunkt. Irgendwann verschwimmen die Grenzen zwischen Himmel, Erde und dem Wasser. Besonders, wenn die orangefarbene Sonne am Abend in der Ruhr untergeht. Dann heißt es nur noch, sich wohlig zurücklehnen und auf die glitzernden Sterne warten. Wer dieses Schauspiel gern an der frischen Luft beobachten möchte, dem wird ganz sicher auch eine kuschelige Decke gebracht.

TIPP

Auf Schloss Broich gibt es eines der schönsten Trauzimmer in ganz NRW.

Franky's Ruhrkristall, Ruhrufer 5, 45479 Mülheim, Tel. (02 08) 4 37 48 70
www.frankys-bar.de
ÖPNV: Straßenbahn 102, Haltestelle Schloss Broich

So weit das Auge reicht

8 *Der Leuchtturm Kemnader See in Bochum*

Fast jedem fällt zuerst einmal das Deutsche Bergbau-Museum ein, wenn man an die schönsten Sehenswürdigkeiten der Stadt Bochum denkt. Jeder Familienausflug führte irgendwann einmal dahin, dicht gefolgt vom Starlight Express und dem Planetarium. Später war es dann die Partymeile, auch genannt „Bermudadreieck“, die man einmal im Leben gesehen haben sollte – und das vor allem, wenn die Sonne schon wieder aufgeht. Doch eigentlich ist die größte Attraktion der Stadt der Leuchtturm am Kemnader See, weil er hier mitten im Ruhrgebiet so ungewöhnlich ist wie ein Tiger in der Antarktis. Und doch ist dieser grünweiß gestreifte Leuchtturm an der Spitze der Landzunge am Kemnader See aus der Uferlandschaft nicht mehr wegzudenken. Im Norden ginge er an jedem Deich oder der Küste locker als Einheimischer durch. Doch die Bochumer würden ihren heiß geliebten Leuchtturm, der 2009 in Betrieb genommen wurde, niemals wieder hergeben, denn sie haben nur diesen einen, der immerhin fünf Meter hoch ist und auf dem sogar eine Wetterstation montiert wurde. Wer glaubt, es handle sich nur um ein dekoratives Bauwerk, der liegt völlig falsch. Denn das Leuchtfeuer hier beim Hafen Heveney markiert die Fahrwasserteilung zwischen Ruhr und dem Ölbach. Da gibt es viel Betrieb von Fahrgastschiffen, Segel- und Tretbooten, und der Leuchtturm steht als stolzes Wahrzeichen mittendrin. Der Kemnader See liegt direkt bei Bochum, Hattingen und Witten und wurde 1980 als jüngster der Ruhrstauseen eröffnet, von denen jeder ja sein ganz eigenes Gesicht hat. Auch der Leuchtturm am Kemnader See sieht tatsächlich aus jeder Perspektive komplett anders aus und liebt dieses Bäumchen-wechsel-dich-Spiel ebenso wie die Tatsache, dass er auf der Liste aller Leuchttürme in Deutschland geführt wird. Und dazu gehören echte Stars wie die Leuchttürme Westerheversand oder Roter Sand. Obwohl, es gibt da noch einen NRW-Kollegen in Köln – den Helios-Leuchtturm im Stadtteil Ehrenfeld. Doch der steht noch nicht einmal am Wasser.

TIPP

Beim Betrachten des Sees unbedingt die Uferseiten wechseln.

Leuchtturm am Kemnader See, Blumenau 94, 44801 Bochum
www.kemnadersee.de
ÖPNV: Bus 375 bis Haltestelle Hafen Heveney

Doppelt hält besser

9 *Die Doppelbogenbrücke in Gelsenkirchen*

Die feuerrote Doppelbogenbrücke am Nordsternpark in Gelsenkirchen ist nicht ganz leicht zu beschreiben, denn diese muss höchstpersönlich angeschaut und passiert werden – und das am besten gleich mehrfach, mit dem Fahrrad oder zu Fuß. Die Hängebrücke über den Rhein-Herne-Kanal verbindet die Stadtteile Horst und Heßler und ist seit ihrer Eröffnung 1996 eine wahre Titelschönheit auf Reiseführern und Magazinen geworden. Sie war eines der am meisten fotografierten Objekte im Landschaftspark bei der Bundesgartenschau im Jahr 1997. Von Weitem sehen ihre zwei knallroten und parallelen Bögen mit den Tragseilen dazwischen aus wie eine schnittige Achterbahn. Romantiker behaupten, es wäre der obere Teil von einem Herzen oder eine leuchtende Hügellandschaft am Kanal. Nur eben in 36 Metern sehr luftiger Höhe. Da gibt es ganz unterschiedliche und oft sehr liebevolle Interpretationen, und die Besucher kommen dabei richtig ins Schwärmen. Technisch gesehen, hat die Doppelbogenbrücke eine Spannweite von achtzig Metern und ist rund hundert Meter lang. In der Architekten-Sprache werden die Bögen als asymmetrische Bogenrohre bezeichnet, mit einem senkrechten Verlauf zum Kanal, und das bei Kilometer 21,605 am Rhein-Herne-Kanal (RHK). Allein die Bögen kommen auf das stolze Gewicht von 230 Tonnen, das schafft selbst der Kran vom Motorbootclub Castrop-Rauxel nicht, und der hat schon ziemlich was drauf. Einheimische und Touristen stellen einfach fest, dass diese Brücke nur ein bisschen anders ist und leicht schräg über den Kanal führt. Das ist sicher etwas ungewöhnlich. Doch es macht das Bauwerk genauso einzigartig wie die Brückenskulptur Slinky Springs to Fame am Kaisergarten in Oberhausen, welche auch als Rehberger-Brücke bekannt ist und 2011 eingeweiht wurde. So gibt es also in Gelsenkirchen und Oberhausen gleich zwei ganz besondere Schönheiten am Fluss. Solche, die anfangs auch ein bisschen kritisch beäugt wurden, aber ein ganzes Landschaftsbild neu geprägt haben, denn normal ist doch langweilig.

TIPP Von der Brücke hat man den besten Ausblick auf das Amphitheater in Gelsenkirchen.

Doppelbogenbrücke im Nordsternpark, Am Bugapark 1, 45899 Gelsenkirchen
www.gelsenkirchen.de
ÖPNV: SB 36, Haltestelle Nordsternpark

Und wenn das Schifferklavier…

10 *Das Eventschiff Herr Walter in Dortmund*

Herr Walter ist immer ein bisschen stolz darauf, dass man ihm sein Alter wirklich nicht ansieht. Und das kann er auch. In seinen Papieren steht als Geburtsjahr 1901, doch er hat sich extrem gut gehalten und ist immer noch ein ziemlich fescher und vor allem gastfreundlicher Kerl. Das wird die gute Seeluft sein, denn vor seiner Zeit als Eventschiff im Hafen von Dortmund bereiste Herr Walter so ziemlich jeden Fluss oder Kanal in Deutschland. Damals noch als Schüttgüterschiff und Schleppkahn, bis er Gefallen an Sonne, Palmen und gepflegtem Feiern fand und 2011 sein zweites und glückliches Leben begann, keinesfalls als Pensionär, sondern mit neuem und aufregendem Zuhause im Herzen des riesigen Kanalhafens in Dortmund. Von hier aus geht es für viele Schiffe täglich in die Hafenmetropolen von Antwerpen, Rotterdam oder Amsterdam. Doch Herrn Walter reizt die große Fahrt nicht mehr, denn ihm macht es viel mehr Spaß, wenn die Gäste auf seinem Sonnendeck aus dem Strahlen gar nicht mehr herauskommen. Am und auf dem Wasser werden fröhliche Partys gefeiert, oder die Gäste lassen es sich in Liegestühlen und gemütlichen Strandkörben einfach nur gut gehen. Die Stimmung ist stets so ausgelassen, als würde drinnen und draußen auf dem Boot die Überquerung des Äquators gefeiert. Der gute Herr Walter hat sich fast ein bisschen breitgemacht an seinem ganz besonderen Liegeplatz, denn er ist über kleine Stege direkt mit der hauseigenen Beachlounge an Land verbunden. Doch das nimmt ihm keiner übel – im Gegenteil. Platz zum Tanzen ist genug vorhanden, denn der imposante Rumpf des Schiffes wurde einst auf die stolze Länge von sechzig Metern erweitert. Diese Event-Location ist ganzjährig geöffnet, und Bootsliebhaber können dort maritime Delikatessen aus der Region genießen. Ohne Schnick und Schnack und vor allem so, dass es allen schmeckt. Nichts geht über Blumenkohl im Backteig oder eine Currywurst mit Walters Currysauce. Und wie man hört, hat die Crew noch nie gemeutert.

TIPP Herr Walter ist buchbar für jede Feier wie Hochzeiten, Geburtstage, Firmenfeiern und Fotosessions.

Eventschiff Herr Walter, Liegeplatz Speicherstraße 90, 44147 Dortmund, Tel. (02 31) 14 24 10
www.herr-walter.de

ÖPNV: Bus 475, Haltestelle Schäferstraße / U-Bahnen U41/45/47/49 Haltestelle Hafen

Herr WALTER
HAMBURG - D

Kristallklar

11 *Der Baldeneysee in Essen*

Ein Ausflug zum Baldeneysee im Essener Süden ist ebenso schön wie ein Urlaub am Meer, nur direkt vor der Haustür und mitten im Ruhrgebiet. Kopf und Seele schalten sofort auf Erholungskurs um. Der größte der sechs Ruhrstauseen wurde 1933 fertiggestellt. Heute befindet sich hier am Wasser ein tiefblaues Freizeit-Paradies, welches von den Ortsteilen Werden, Bredeney, Heisingen, Kupferdreh und Fischlaken umgeben ist. Kupferdreh ist übrigens der Stadtteil, in dem gleich drei Tiernamen versteckt sind. Der See kann ganz im Einklang mit der Natur auf einer Strecke von 14 Kilometern umwandert werden oder auch mit dem Rad auf den gut ausgebauten Wegen. In den Auen sind zahlreiche und wichtige Vogelschutzgebiete angesiedelt. Wer mag, genießt nach der erholsamen Wanderung noch einen Ausflug mit dem Fahrgastschiff Weiße Flotte Baldeney. Um 1930 herum war dieses noch ein Fährbetrieb für Zechenarbeiter aus der Umgebung. Heute besitzt der Baldeneysee eine so gute Wasserqualität, dass sich hier die eigentlich harmlose Pflanze Elodea ausgebreitet hat. Da der See inzwischen so klar ist, scheint das Sonnenlicht bis auf den Grund und lässt die sogenannte Wasserpest rasch wachsen. Damit das Gleichgewicht vom See auch weiterhin stimmt und der Schiffsverkehr keine Probleme bekommt, werden regelmäßig Mäh-Boote eingesetzt. Einer der Bootsanleger trägt den Namen Hügel, da hier die berühmte Villa Hügel zu bewundern ist – mit allerbestem Blick auf das maritime Treiben am Baldeneysee. Hier haben sich viele Segelclubs angesiedelt, die oft vereinseigene Boote besitzen, welche gemeinschaftlich genutzt werden können. Das 7,8 Kilometer lange und 355 Meter breite Gewässer ist umgeben von markanten Bergen und bekannt für starke Winde, daher schätzen Segler dieses Revier ganz besonders. An einem schönen Tag sieht man unzählige weiße Segel und fühlt sich wirklich wie in den Ferien. Unter Bootsfahrern wird auch gerne gescherzt, dass es ab hier über den Rhein nur fünf Schleusen bis nach New York sind.

TIPP Es gibt auch eine Leihradstation, www.metropolradruhr.de

Baldeneysee, Anfahrt z. B. Freiherr-vom-Stein-Straße 206 a, 45133 Essen
www.baldeneysee.com

ÖPNV: S 6, Haltestelle Essen-Hügel, an WE im Sommer auch Bus Seelinie 181

Spieglein, Spieglein ...

12 *Der Ruhr-Viadukt in Herdecke*

Ein Viadukt bezeichnet eine Überführung für Eisenbahnen, doch hinter diesem eher nüchternen und technischen Begriff verbirgt sich eine fast märchenhafte Steinbogenbrücke in Herdecke. Dieser historische Ruhr-Viadukt Herdecke aus hellem Sandstein markiert den Beginn des Harkortsees und verbindet die Städte Herdecke und Hagen auf ganz besondere Weise miteinander. Das Bauwerk, erbaut in der Zeit ab 1877, wird heute von den Zügen der Volmethal-Bahn befahren. Doch wer diese Eisenbahnbrücke zum ersten Mal vom Ufer aus sieht, wird den Anblick nie mehr vergessen. Die zwölf halbkreisförmigen Bögen mit einer Spannweite von je zwanzig Metern übertragen ihr anmutiges und stolzes Spiegelbild Tag für Tag auf die Wasseroberfläche. Das ist der Moment, in dem sich Gänsehaut bemerkbar macht. Die Gedanken wandern zum Stadtpanorama von Heidelberg und zur Alten Brücke dort oder erinnern an die Bauwerke in der Toskana. Hier am Harkortsee und in dreißig Metern Höhe wurde das Brücken-Glück auf über 300 Metern Länge verteilt. Dabei wurden rund 24.400 Kubikmeter Mauerwerk aus umliegenden Sandsteinbrüchen verbaut. Zur damaligen Zeit galt die Konstruktion dieser Eisenbahnüberführung als herausragende technische Meisterleistung, und die Besucher möchten noch immer begeistert Beifall klatschen für die Ingenieure und Arbeiter, die damit sich selbst und der Region ein Denkmal gesetzt haben. Dieser zauberhafte Ort strahlt eine unglaubliche Harmonie aus. Dass die Brücke im Wonnemonat Mai im Jahr 1879 eröffnet wurde, rundet das Bild noch mehr ab. Wie es wohl damals war, als die Dampflokomotiven über den Ruhr-Viadukt Herdecke ratterten und die Reisenden genauso begeistert waren wie wir heute und mit Vorfreude auf die leichte Kurve warteten, die der Brücke ihre ganz persönliche Note gibt. Von hier aus gibt es heute einen fantastischen und unübertrefflichen Bilderbuchblick auf den Harkortseee. Nicht umsonst hat die Stadt Herdecke den treffenden Beinamen „Stadt zwischen den Ruhrseen".

TIPP Unter dunklen Regenwolken sieht es hier fast mystisch aus.

Ruhr-Viadukt Herdecke, Seeweg, 58313 Herdecke
ÖPNV: Bus 519 , Haltestelle Hengsteysee

FRIEDRICH HARKORT

Die gute Seele

13 *Das Hotel Villa am Ruhrufer in Mülheim*

Heute geht es nach Mülheim an der Ruhr in das Hotel Villa am Ruhrufer, welches eines der kleinsten Fünf-Sterne-Hotels in Deutschland ist. Diese Villa liegt in schönster Natur direkt an der Ruhr und doch in Laufweite zum Zentrum. Zufrieden und glücklich ruht der Hotelgast auf einem weichen Kopfkissen, das herrlich duftet. Die Nachttischlampe wurde schon vor Stunden ausgeknipst. Hier schläft jeder gut, und das nach einem traumhaften Wohlfühltag am Wasser und in diesem geschmackvoll eingerichteten Hotelzimmer. Das große Fenster ist weit geöffnet, die Strömung der Ruhr klingt sehr beruhigend. Am nächsten Morgen werden die Vögel ihr liebliches Konzert geben, und schon jetzt gibt es Vorfreude auf das Frühstück. Alles läuft wie am Schnürchen, heute erfüllt sich der Traum von einem perfekten Wochenende. Dabei geht es nur um eines – raus aus dem Alltag und hinein in das Ambiente der denkmalgeschützten Gründerzeitvilla. Dieser Prachtbau strahlt besonders im Dunkeln mit den Sternen um die Wette. Früher war die Villa ein Wohnhaus, heute ist sie ein Ort der Geborgenheit für Gäste aus aller Welt. Auf jedem Stockwerk ist zu erleben, dass dieses Haus eine Seele besitzt. Sein guter Charakter ist bis hinauf zum Türmchen zu spüren mit den hellroten Drachen an der Fassade, die das Gebäude aufmerksam bewachen. Sie sind bis über die Grenzen von Mülheim hinaus als Wahrzeichen bekannt. Die Gäste der Villa am Ruhrufer sind zwar alle fern der Heimat, fühlen sich aber doch wie zu Hause. Und jeder stellt auf ganz persönliche Art und Weise fest, wie rasch man hier loslassen kann. So richtig verlassen möchte die Villa eigentlich keiner, aber ein Spaziergang über die benachbarte Florabrücke zum Wehr hin lohnt sich in jedem Fall. Denn von hier aus kann das Treiben an der Lachstreppe bestaunt werden ebenso wie die vorbeifahrenden Sportboote und Ausflugsschiffe. Das Hotel ist dabei immer in Sichtweite, denn später gibt es ja noch eine Verabredung mit einem himmlisch duftenden Kopfkissen.

TIPP Das Hotel verfügt über einen eigenen Pool, der in Lindgrün und Blau angestrahlt wird.

Hotel Villa am Ruhrufer, Dohne 105, 45468 Mülheim, Tel. (02 08) 9 41 39 70
www.villa-am-ruhrufer.de
ÖPNV: Bus 151, Haltestelle Floraweg

Es muss nicht New York sein

14 *Der City-See in Marl*

Bei der Stadt Marl denken viele zuerst einmal an den berühmten Grimme-Preis, der hier jährlich für herausragende Fernsehsendungen verliehen wird. Insofern kann ohnehin von einem Ort von Welt gesprochen werden. Doch Marl bietet noch eine weitere Überraschung mit einem ganz besonderen Flair, und zwar den künstlich angelegten und großflächigen City-See im Herzen der Innenstadt. Kein Einwohner oder Stadtführer verschweigt, dass um den See herum ganz schön viel Beton zu sehen ist und Bahnhof und Geschäftsgebäude in direkter Nachbarschaft liegen. Und doch ist es gelungen, hier im Jahr 2010 ein idyllisches, blaues Fleckchen in der Stadt zu erschaffen, das zu den artenreichsten Gewässern in ganz Marl zählt. Das wäre in etwa so, als fänden mitten auf dem Time Square in New York plötzlich Haubentaucher und Lachmöwen ein neues Zuhause und fühlten sich in diesem Biotop auch noch pudelwohl. Der Marler Wasservogelbestand wird auf einem Blog liebevoll dokumentiert (www.city-see.de), und Interessierte erfahren fast tagesaktuell, welche Vogelarten gerade aus dem warmen Süden heimgekehrt sind oder wer von den Tieren bei der Balz- und Paarungszeit das Sagen hat. Es gibt sogar eine kleine Insel mitten im Weiher, dazu kunstvoll errichtete Skulpturen und eine Fontäne, die der berühmten Alsterfontäne in Hamburg im wahrsten Sinne des Wortes das Wasser reichen kann. Und so wird am City-See regelmäßig das Seefest gefeiert, und jeder Marler weiß, dass es hier im Heimathafen hoch im Norden vom Ruhrpott doch am schönsten ist. Und wer sich als Besucher vom bunten Treiben am See nicht trennen kann, übernachtet im Montana Parkhotel am Seeufer. Überhaupt bietet der City-See einen der besten Ausblicke auf das Stadtpanorama von Marl. Und das ist am allerschönsten, wenn ganz langsam die Sonne im See versinkt und am Weiher die Gesänge der Vögel bei ihrem abendlichen Konzert erklingen. Dann denkt niemand mehr daran, wie günstig ein Flugticket nach New York sein kann.

TIPP Abkühlung gibt es im Badeweiher am Chemiepark Marl. Bitte vom Namen nicht abschrecken lassen.

City-See, Nähe Eduard-Weitsch-Weg, 45768 Marl
S 9 Haltestelle Marl Mitte

PARKHOTEL

Immer mehr, immer mehr...

15 *Die Ruhrtalfähre Hardenstein in Witten*

Die Ruhrtalfähre Hardenstein in Witten ganz in der Nähe des Kemnader Stausees hat ziemlich viele und besondere Namen. Einige Ausflügler reden ehrfurchtsvoll von der Hardenstein, Anwohner wiederum sprechen sehr vertraut von der Wittener Fähre, und in der Berufsschifffahrt lautet ihre Abkürzung FGS Hardenstein. Von den technischen Daten her ist sie eine Personenfähre mit stolzen 15,40 Metern Länge, 4,60 Metern Breite und besitzt eine Zulassung für 49 Passagiere. Doch die Fahrgäste sind sich einig, dass man zwischen der Burgruine Hardenstein und der Herbeder Schleuse die Ruhr nicht stilvoller überqueren kann. Eigentlich entschwebt der Ausflügler hier im Ruhrtal und lässt den Alltag ganz weit hinter sich. Und diese Überfahrt zwischen den Ruhrseiten ist auch noch kostenlos und schließt ganz besonders für den Ruhrtalradweg eine Lücke über den Fluss, die sonst nicht mit dem Rad zu überwinden ist. Zumindest nicht mit trockenen Schuhen. Die Erholung geht schon am Fähranleger am königlichen Schleusenwärterhäuschen im Fachwerkstil los, denn niemand dort ärgert sich, wenn nicht sofort übergesetzt wird. Da reicht die nächste, wenn nicht sogar die übernächste Fährverbindung. Fast alle hier haben schließlich Zeit, und nirgendwo sonst wartet man so tiefenentspannt am Wasser – und das bei kühlen Getränken und regionalen Snacks. Ganz früher wurden die Ausflügler in Ruderbooten über den Fluss geschippert, doch hat sich seitdem gar nicht so viel verändert. Denn die Ruhrtalfähre Hardenstein fährt mit null PS, dafür mit zwei Elektromotoren (doppelt hält einfach besser) – und das zwischen März und Oktober täglich 10 bis 18 Uhr. Es heißt, dass die Fähre in einer Saison bis zu 150.000 Personen befördert, mehr sanfter Tourismus geht eigentlich nicht. Obwohl wahrscheinlich keiner kontrolliert, ob nicht der eine oder andere Fahrgast oder müde Radfahrer nach der Flussüberquerung einfach sitzen geblieben ist – immer und immer wieder, weil die Überfahrt einfach so viel Spaß macht.

TIPP

Auch ohne kompletten Ruhrtalradweg lohnt sich hier eine Radtour.

Ruhrtalfähre Hardenstein, 58456 Witten, Tel. (0 23 02) 39 53 80

ÖPNV: Bus 320, Haltestelle Hardensteiner Weg

Pack nur die Badehose ein

16 *Der Horstmarer Badesee in Lünen*

Es ist gar nicht so einfach, den Seepark Lünen zu beschreiben, denn eigentlich fehlt einem dazu die Zeit. Denn wer einmal hier ist, will sofort rein, rein ins dunkelblaue und so herrlich erfrischende Wasser des Horstmarer Badesees, der im Zentrum des Seeparks liegt. Es geht zuerst mit etwas Anlauf los, über den hellen und feinen Sandstrand, und die Badegäste gleiten hinein in einen der schönsten Seen Nordrhein-Westfalens. Ganz Mutige tauchen direkt unter, aber es ist völlig in Ordnung, sich ruhig etwas Zeit zu lassen. Schließlich will niemand heute hier Bahnen schwimmen, sondern einfach nur fröhlich und ausgelassen plantschen. Wasserball und Luftmatratze sind gerne gesehen. Für dieses Badevergnügen auf dem ehemaligen Gelände der Zeche Preußen im Osten vom Ruhrgebiet wird nicht viel benötigt. Eigentlich reichen Badezeug und Handtuch, aber nur um sich später für ein ausgiebiges Sonnenbad darauf zu legen, denn Badehose und Bikini trocknen in der warmen Sommerluft von selbst. Und es gibt kaum etwas Schöneres, wenn man im Winter noch etwas Sand im Wäscheschrank findet, der einen an diesen sommerlichen Besuch in dem sechzig Hektar großen Park direkt am Datteln-Hamm-Kanal erinnert. Ganze zehn Hektar misst die Wasserfläche, da kommen sich die Badegäste nicht so leicht ins Gehege. Hier in Lünen im Ortsteil Horstmar und auf dem bewaldeten Gelände fand übrigens 1996 die Landesgartenschau statt, und es hätte keinen besseren Ort dafür geben können. Denn der Seepark Lünen und der Horstmarer Badesee erinnern auf fast nostalgische Weise an den Bergbau, der hier noch immer seine Spuren hinterlässt. Das Gelände ist von Hügeln geprägt, die früher zur Halde gehörten, und im Badesee gibt es das sogenannte Horstmarer Loch, eine noch immer vorhandene Bergsenkung, die an ihrer tiefsten Stelle zwölf Meter unter dem Geländeniveau liegt. Aber keine Sorge, um diese Senkung zu erreichen, muss sehr, sehr weit geschwommen werden, und heute steht doch nur entspanntes Plantschen auf der Tagesordnung.

TIPP Erfrischend gute Nachrichten: Der Eintritt für das Strandbad ist kostenlos.

Seepark Lünen, Preußenstraße, 44532 Lünen
ÖPNV: Bus 112, Haltestelle Horstmar Preußenstraße

Lieblingsgerichte

17 *Das Gasthaus Alte Fähre in Essen*

Auf einen Besuch im historischen Gasthaus Alte Fähre in Kettwig freuen sich alle wie ein Kind. Hier riecht und schmeckt es ganz wunderbar nach Heimat. Das gemütlich verwinkelte Lokal strahlt schon von Weitem im warmen Rot und unübersehbar wie ein Leuchtturm. Jetzt ist Zeit für eine verdiente Pause im Heimathafen. Die alte Fähre liegt direkt an der Ruhr und ist seit 1867 eines der schönsten Ausflugslokale im Ruhrgebiet. Damals gab es hier noch eine Fährverbindung, doch heute ist man mit dem Rad da, denn das Restaurant liegt am Ruhrtalradweg. Voller Vorfreude betritt der Gast den Biergarten mit den rustikalen Bänken. Schon der Eingang zu diesem Familienbetrieb erscheint so einladend, als würde für uns der Schlüssel unter der Fußmatte liegen. Es duftet bereits draußen himmlisch nach Kaschinskis Erdäpfeln mit Grünkohl. Ein wohliges Gefühl breitet sich aus, als würde Mutter gerade die Lieblingsspeise frisch für uns zubereiten. Das übernimmt heute Inhaber und Chefkoch Marcel Ernst. Bitte nicht verraten – er macht das fast noch besser als Muttern und bringt das Essen auch mal selbst an den Tisch. Er hat sein Handwerk im renommierten Essener Schloss Hugenpoet gelernt und mixt auf charmante Weise Traditionsküche mit exotischen Einflüssen. Die Gerichte des Lokals sind eine Liebeserklärung an die Region und seine Bewohner. Ehrlich, zuverlässig und neuen Dingen gegenüber stets aufgeschlossen. So gibt es Atlantisches Rotbarschfilet mit Panko-Paniermehl, aber auch Oma Gerdas Endiviensalat mit Blutwurst. Gegessen wird genussvoll in unterschiedlichen Speisezimmern oder auf der hellen Sonnenterrasse. Elke, die Mutter von Marcel Ernst, und seine Frau Ariane kümmern sich um jeden Wunsch der Gäste. Auch leckere vegetarische und vegane Speisen werden serviert. Und am Vatertag gibt es Besuch von einer Skipper-Gruppe aus Mülheim. Sie legen mit ihrem historischen Bauhüttenschiff Ruhrpott von 1927 beim Lokal an. Und für diese charmanten Herren schreibt man ganz viel Seemannsgarn auf die Speisekarte.

TIPP **Direkt beim Lokal ist eine Slipanlage. Da können Kanus und kleine Boote ins Wasser gelassen werden.**

Alte Fähre, Zur Alten Fähre 45, 45219 Essen, Tel. (0 20 54) 8 65 12
www.alte-faehre.de
ÖPNV: S 6, Haltestelle Kettwig Stausee

ALTE

Arche Noah am Kanal

18 *Die Marina Rünthe in Bergkamen*

Ein Besuch in der Marina Rünthe in Bergkamen ist wie Liebe auf den ersten Blick. Dieser Yachthafen verbindet auf wunderschöne Weise Tradition und Moderne und erinnert an längst vergessene Zeiten im Ruhrgebiet. Heute wird hier gewohnt, gefeiert und vor allem ganz viel gelacht. An diesem tiefblauen Glücksort sitzt das Herz des Ruhrgebiets wirklich am rechten Fleck. 1939 wurde der ehemalige Kohleumschlaghafen am Datteln-Hamm-Kanal erbaut und erzählt bis heute die lange Geschichte der Binnenschifffahrt im nördlichen Ruhrgebiet. In dieser historischen Umgebung beginnt eine sehr spannende, maritime Zeitreise. Heute befindet sich hier einer der größten und bekanntesten Yachthäfen in Deutschland, der auch gerne als Wasserpark bezeichnet wird. Diese Marina ist ein richtiges Paradies, wo man gut gelaunt einen freien Tag verbringt oder sogar ein ganzes Wochenende. An der luftigen und langen Promenade gehen die Besucher ganz gemütlich spazieren. Hier gibt es Restaurants und Cafés, von wo aus man immer und überall das Hafenleben und die rund 300 Liegeplätze für Sportboote im Blick hat. An schönen Tagen legen die Schiffe fast im Minutentakt an und ab. Der Eiswagen klingelt mehrmals täglich und steht meist an der Rampe, der sogenannten Slipanlage, wo die Boote ins Wasser gelassen werden. Hier können Land- und Wasserratten stundenlang einfach nur zuschauen und ein Flair wie im hohen Norden genießen. Die gelben Markisen der Wohnhäuser auf dem Gelände erinnern auch bei Schietwetter an Sonnenschein. Bei einigen Hafenbewohnern ankert das eigene Boot direkt vor der Haustür. Selbst wenn man eher zur Gattung Landratte gehört, kommt man mit Skippern und Anwohnern schnell ins Gespräch. Die Marina Rünthe ist eine kunterbunte Arche Noah mit ganz vielen Rückzugsorten. Und das Wasser sieht man von überall. Denn der wohlklingende Vorname Marina bedeutet ja auch, dass seine Trägerin eine ganz enge Verbindung zum Meer hat. Das geht dann so: „Marina, Marina, Marina, wunderbares Mädchen …"

TIPP Im Umfeld des Yachthafens gibt es Hotels und Pensionen sowie gute Einkaufsmöglichkeiten.

Marina Rünthe, Hafenweg 30, 59192 Bergkamen, Tel. (0 23 89) 31 63
www.yachthafen-marina-ruenthe.de

ÖPNV: Bus S 20, Haltestelle Rünthe Marina

Wie die Farbe der Hoffnung

19 *Die Harpener Teiche in Bochum*

Der Waldspaziergang zum Kemnader See in Bochum startet gleich mit einer Überraschung, als man mit sehr netten Anwohnern ins Gespräch kommt und diese fragt, ob es von hier aus weit zu den Harpener Teichen sei. Die prompte Antwort überrascht, denn die Ortsansässigen haben noch nie von den zwei einzigartigen und strahlend türkisfarbenen Teichen zwischen den Stadtteilen Harpen und Werner gehört. Doch die Neugier ist geweckt. Diese farblich kaum zu beschreibenden Stillgewässer werden auch Werner Teiche genannt und liegen tatsächlich ein bisschen im Verborgenen, obwohl der Ruhr Park Bochum ganz in der Nähe ist. Doch zufällig kommt hier eher keiner vorbei, und vielleicht ist das gar nicht so schlecht. Denn eine solche Entdeckungsreise macht viel mehr Spaß, und wer dann am Nord- oder Südteil der Teiche angekommen ist, betritt eine vollkommen friedliche Welt am Wasser, eine, die man in ihrer Farbgebung so wahrscheinlich noch nie gesehen hat. Jeder ist sofort fasziniert von der Wasseroberfläche, die mal in Hellblau erstrahlt und je nach Lichteinfall einen Farbton wie ein kostbarer Jadestein annimmt. Zudem verleiht ein milchiger Schimmer den Teichen eine romantische und geheimnisvolle Anmutung. Das liegt daran, dass von der Zeche Robert Müser in 500 Metern Tiefe sehr warmes und mineralreiches Grubenwasser in die Teiche eingespeist wird. Die Minerale lösen sich auf und erzeugen den weißen Schleier, der sich ganz fein durch den Teich zieht. Daher gedeihen hier Pflanzen, die eine salzige Umgebung bevorzugen. Naturliebhaber erfreuen sich an unzähligen Vogelarten wie Haubentauchern, Graureihern, Stockenten und Schwanenpaaren mit ihrem Nachwuchs. Stets hängt leichter Schwefelgeruch in der Luft, nicht unangenehm, man fühlt sich eher an eine heiße Quelle oder natürliche Thermalbäder erinnert. Das Baden ist hier zwar nicht gestattet, doch die Waldspaziergänger sind ohnehin viel zu sehr damit beschäftigt, dieses Biotop zu genießen, und haben dafür ganz gemütlich auf einer Bank Platz genommen.

TIPP Der NABU sucht regelmäßig Freiwillige zum Zählen von Vögeln. Geht hier perfekt.

Harpener Teiche, Werner Straße, 44894 Bochum
ÖPNV: Bus 355, Haltestelle Werner Straße

Endlich am Ziel

20 *Emschermündung mit Café in Dinslaken*

Wer das Café Hof Emschermündung in Dinslaken ganz in der Nähe von Rhein und Emscher besucht, fühlt sich wie in der Sommerfrische, so grün und einladend sieht es dort aus. Die schneeweiße, historische Hofanlage von 1911 ist umgeben von altem Baumbestand und vermittelt eine solche Idylle, dass man gleich einziehen möchte. Was einem nicht schwerfallen würde, denn hier wird ein Premium-Frühstück in nur allen denkbaren Varianten serviert: Frühstück für zwei, Frühstück mit Familie und Freunden oder nur für einen allein, und das am liebsten mit einem großen Pott Kakao dazu. Torten und Kuchen gibt es in vielfältigen Variationen. So versprechen es die Speisekarte und das sehr nette Personal. Am schönsten ist es im Café Hof Emschermündung auf der Terrasse im Gartenbereich und an einem Sonntag im Spätsommer. Zudem ist hier direkt nebenan ein für die Region ganz wichtiger Punkt beheimatet, nämlich die Emschermündung, wo die Emscher in den Rhein fließt. Von der Quelle in Holzwickede legt der eher kleine Fluss stramme achtzig Kilometer zurück, bis er hier eintrifft. Das entspricht in etwa der Entfernung zwischen Essen und Köln. Das Flüsschen hat so einiges erlebt, und nicht immer ging man gut mit ihm um, denn die Emscher wurde begradigt, in Beton gefasst und diente als Abwasserfluss. Doch seit einigen Jahren wird das Gewässer peu à peu renaturiert, und daher sind das Café Hof Emschermündung und seine naturbelassene Umgebung ein ganz friedlicher Ort geworden – zum Durchatmen für Mensch und Natur und natürlich auch für die Emscher. Daher wird im Café auch wieder das berühmte Emscher-Gold verkauft – ein goldener Honig, regional gewonnen, denn die Betreiber vom Café Hof Emschermündung legen sehr viel Wert auf die Verwendung von regionalen Zutaten. Übrigens befindet sich in direkter Umgebung auch das Landschaftsschutzgebiet Rheinaue Walsum. Da kann man für den nächsten Ausflug nur sagen: „Wer die Wahl hat, hat die Qual." Doch hier quält sich jeder gerne mit zwei schönen Zielen.

TIPP Man kann hier ganz prima Rad fahren.

Café Hof Emschermündung, Am Hagelkreuz 20, 46535 Dinslaken, Tel. (01 76) 43 29 07 93
www.hof-emschermuendung.de

ÖPNV: Bus 918, Haltestelle Freesmann

21 *Die Treppenkaskade in Lünen*

Wer hat nicht schon einmal davon geträumt, unter einem Wasserfall zu stehen oder ihn zumindest einmal aus nächster Nähe zu bestaunen. In Lünen, direkt in der Innenstadt und an der Lippe, ist das leichter getan als gesagt, denn hier wurde im Jahr 2010 direkt am Fluss die berühmte Treppenkaskade eröffnet, bei der wie bei einem Wasserfall die Stufen fließend ineinander übergehen. Das ganze Kunstwerk sieht aus wie eine strahlend helle Showtreppe und besteht aus sieben großen Stufenplattformen, die nur ein Ziel haben: Den Besucher so sanft und berauschend wie nur möglich ans Wasser zu führen – zum Verweilen, zum Innehalten oder um einfach nur die Füße zu kühlen. Nach einem langen und heißen Tag gibt es eigentlich nichts Schöneres, und wenn die Temperaturen einmal nicht so hoch sind, dann wird hier einfach eine erfrischende Kneipp-Kur absolviert. Das Wort cascata bedeutet im Italienischen übrigens auch Wasserfall, und es ist sicher kein Zufall, dass direkt an der Treppenkaskade in der City und am sonnigen Nordufer die Römer-Lippe-Route vorbeiführt. Im Mittelalter gehörte Lünen sogar zur Hanse, und diese Stadt am Fluss im nordöstlichen Ruhrgebiet macht ihrem Namen alle Ehre. Es gibt für Schiffe am Preußenhafen einen sogenannten Wasserwanderrastplatz und natürlich den Seepark Lünen. Es würde sicher niemanden wundern, wenn der Ort eines Tages Bad Lünen getauft würde, denn hier gibt sich jeder Mühe, Stadt, Land und Fluss harmonisch miteinander zu verbinden. An der berühmten Kaskade beträgt der Höhenunterschied zur Uferpromenade rund sechs Meter. Wie auf einem maritimen Laufsteg wird sich dabei über zwei Treppen hinab Schritt für Schritt dem Gewässer genähert. Bei der sommerlichen Eröffnung wurde das imposante Bauwerk sogar bunt angestrahlt und ist seitdem einer der bekanntesten Treffpunkte in der Gegend geworden. Hier an der Promenade können auch Kanus anlegen und, wer weiß, vielleicht eines Tages ganz stilecht Gondeln, denn die Gedanken dazu hat man sich in Lünen schon gemacht.

TIPP Hier starten auch geführte Touren für Geocaching, früher Schnitzeljagd oder Schatzsuche genannt.

Treppenkaskade Lünen, Münsterstraße 1, 44532 Lünen
ÖPNV: RB 51, Haltestelle Lünen Hbf.

Küchenparty auf dem Rhein

22 *Das Fahrgastschiff Rheinfels in Duisburg*

Eine Fahrt mit dem Ausflugsschiff Rheinfels ist wie ein Besuch bei richtig guten Freunden. Kapitän Walter Moser begrüßt jeden Passagier persönlich an Deck, bevor die Fahrt in Duisburg-Ruhrort startet. In diesem Familienbetrieb ist mehr als eine Handbreit Herzlichkeit unter dem Kiel. Hier stimmt einfach alles. Die Passagiere sitzen auf weichen Polstern im Salon auf dem Oberdeck und überlegen, ob sie die Schuhe ausziehen sollen. Es fühlt sich einfach so gemütlich an wie zu Hause. Einer der besten Plätze ist direkt hinter dem Steuerstand, den nur eine Glastür vom Schiffsführer trennt. Doch diese Tür steht immer offen, und Fragen sind ausdrücklich erwünscht. Die nautischen Geräte sind zu bestaunen, die besonders bei Fahrten in der Dunkelheit sehr imposant aussehen. Das Radar leuchtet in einem mystischen Grün, und die Umrisse vom Hafen sind gut zu erkennen. Doch Kapitän Moser würde auch mit verbundenen Augen seine stolze Rheinfels und die Passagiere wohlbehalten über den Rhein steuern. Das Schiff ist 25 Meter lang, 5,2 Meter breit, und bis zu 100 Personen finden hier Platz – und das zu jeder Jahreszeit, drinnen und draußen. Täglich werden zwischen März und Oktober Hafenrundfahrten angeboten, und es gibt viele Sonderfahrten im Raum Duisburg wie Ausflüge nach Kettwig, zum Feuerwerk nach Düsseldorf, zum Ruhrorter Hafenfest oder zu unbekannten Bereichen vom Duisburger Hafen. Eine der beliebtesten Touren findet im November statt, da gibt es Martinsgans. Dann duftet der Dampfer nach Maronen, saftigen Klößen und Bratäpfeln mit Marzipankern. Die Fahrgäste genießen einfach nur und sind fasziniert von der Kulisse des Binnenhafens am Abend. Die Stimmung ist so heiter und fröhlich, dass rasch die Scheiben beschlagen, so, wie es bei einer richtig guten Feier auch sein muss. Doch darauf sind Walter Moser und sein Team bestens vorbereitet. Es werden Geschirrtücher verteilt, und jeder Gast am Fenster wischt einmal kurz über die Scheiben, wie man das eben für gute Freunde so macht.

TIPP Dieser Ausflug lässt sich gut mit einem Besuch im Binnenschifffahrtsmuseum verbinden.

Fahrgastschiff Rheinfels, Abfahrten ab Schifferbörse in Duisburg-Ruhrort, Gustav-Sander-Platz 1, 47119 Duisburg, Tel. (02 03) 8 07 06 77
www.hafenrundfahrt-duisburg.de
ÖPNV: Bus 929, Haltestelle Friedrichsplatz Duisburg

Rheinfels
04032810 Pers. 175
KulturKanal
Wasser. Kultur. Reisen.
www.kulturkanal.net

Tea Time und Kartoffelsalat

23 *Schloss Hugenpoet in Essen*

Kaum ein historisches Anwesen im Ruhrgebiet ist so gut erhalten wie das Essener Schloss Hugenpoet. Hier erstrahlt alles in schönster Postkartenidylle. Im Jahr 778 wurde der Ort erstmalig erwähnt, und bis heute verbinden ganz viele Menschen mit diesem Hotel und Restaurant pure Eleganz, Dinner auf Sterne-Niveau und Gastfreundlichkeit in Perfektion. Und das alles in grünster Umgebung und direkt an der Ruhr. Viele Gäste denken beim Schloss-Namen an einen Dichter oder zarte Poesie. Vermutet wird aber, dass Hugenpoet frei übersetzt Krötenpfuhl bedeutet und an die leicht morastigen Auen und Wälder hinter dem Schloss erinnert. Denn hier befindet sich das bekannte Naturschutzgebiet Untere Kettwiger Ruhraue. Und da bieten sich bei einem Herbst-Spaziergang durchaus auch mal Gummistiefel an. Voller Erleichterung und quasi an der Hintertür stellt der Gast fest, dass im Schloss Hugenpoet auch sympathische Bodenständigkeit herrscht. Man muss weder in großer Robe erscheinen noch den Knigge auswendig können. Trotz Michelin-Stern, Gourmet-Küche und Zehn-Gänge-Menüs sind die Gastgeber auf dem Schloss äußerst bescheiden geblieben. Die Besucher werden zwar verwöhnt wie bei Königs zu Hause, aber niemand trägt das wie einen Bauchladen vor sich her. Wer mag, genießt im Restaurant Hugenpöttchen ganz unkompliziert einfach nur einen Nachmittagstee mit frischen Scones. Das ist ein britisches Gebäck, das am besten warm und mit Butter und Marmelade schmeckt. Im großzügigen Schlosspark, der von vielen Wassergräben durchzogen ist, werden auch regelmäßig Picknicke veranstaltet – mit Roggensandwich und deftigem Kartoffelsalat, im Juli gibt es die Hugenpoeter Beerenwoche. Alles findet ganz leger und möglichst draußen statt, und im Winter brennt das Holz im Kamin rund um die Uhr. Wer dennoch stilvoll anreisen möchte, nimmt den Ausflugsdampfer Weiße Flotte. Die Haltestellen Mintard oder Kettwig Unterwasser sind prima zu Fuß zu erreichen. Und ein kleines, königliches Winken ist dabei immer erlaubt.

TIPP Weitere Köstlichkeiten gibt es direkt in der Nachbarschaft im Mintarder Wasserbahnhof.

Schlosshotel Hugenpoet, August-Thyssen-Straße 51, 45219 Essen, Tel. (0 20 54) 1 20 40
www.hugenpoet.de

ÖPNV: Bus 772, Haltestelle Kettwig vor der Brücke

Ein waschechter Landgang

24 *Die Promenade am CentrO Oberhausen*

Ein Ausflug zur Promenade und Wasserlandschaft am CentrO Oberhausen fühlt sich so gut an wie der Besucher einer quirligen Hafenstadt. Dieser Landgang an der Neuen Mitte wird genossen und lädt zum Schlendern über die vielen Holzbrücken und Stege ein, die hier beide Ufer rund um den 400 Meter langen See verbinden. Venedig könnte nicht schöner sein. Es fühlt sich an wie bei einer kulinarischen Weltreise, denn rund zwanzig Restaurants servieren Tür an Tür internationale und einheimische Gerichte. Am besten immer der Nase nach. Im eurasischen Lokal Pagoda speisen die Gäste in einem asiatischen Tempel und ganz romantisch an einem Seerosenteich. Nur ein paar Brücken weiter liegt der Grieche Neon, wo die Räume elegant in hellem Grau, Violett und mit viel Silber gestaltet sind, mit einer Lounge direkt am Wasser. Hier tummeln sich prächtige Koi-Karpfen neben fröhlich schnatternden Enten, die es sich im Schilf gemütlich machen. Im Brauhaus Zeche Jacobi gibt es mehrmals die Woche Live-Musik unter freiem Himmel. Die Gasthäuser aus aller Welt pflegen rund um das Wasserbiotop eine Nachbarschaft, wie sie harmonischer nicht sein könnte. Liebe geht eben durch den Magen. Und die leckersten Kuchen und Torten an der ganzen Promenade werden frisch im Café des Ökumenischen Kirchenzentrums gebacken, direkt am Platz der guten Hoffnung gelegen, was durchaus beabsichtigt ist. Auch einen cremigen Kakao und Eis gibt es hier. Die Neue Mitte wurde 1996 auf dem ehemaligen Gelände der Gutehoffnungshütte eröffnet. Viele Ruhrgebietler werden sich noch an die alten braunen Kühltürme erinnern, an denen das dampfende Wasser herablief. Und in fast jeder Familie hat mindestens ein männlicher Verwandter auf der Hütte gearbeitet. Niemand hätte geglaubt, dass die Seenlandschaft am CentrO einmal zu den schönsten Ausflugszielen im Revier gehören würde. Zum Weihnachtsmarkt an der Promenade reisen inzwischen sogar Besucher aus ganz Deutschland an und freuen sich auf den Winterzauber am Rhein-Herne-Kanal.

TIPP Den Raum der Stille vom Kirchenzentrum besuchen, www.kirchenzentrum.de

CentrO, Centroallee 100, 46047 Oberhausen, Tel. (02 08) 8 28 20 55
www.centro.de

ÖPNV: Diverse Straßenbahnen oder Busse bis Haltestelle Neue Mitte

BRAUHAUS

25 *Sportstunde im Innenhafen von Duisburg*

Es gibt kaum einen besseren Ort für einen ausgedehnten Frühsport als den Innenhafen Duisburgs nahe des Zentrums. Allerdings sollten der Schrittzähler und übertriebener Ehrgeiz besser zu Hause bleiben, bequeme Schuhe und Freude an der Bewegung reichen völlig aus. Freizeitsportler erleben hier einen etwas anderen Stadtrundgang durch dieses tolle Industriedenkmal, das heute zu den beliebtesten Ausgehvierteln im Ruhrpott gehört. Am besten am hinteren Innenhafenbecken am Portsmouthdamm starten und dieses mit zügigen Schritten umrunden. Das alte Kopfsteinpflaster klackert unter den Füßen, und die Runde vergeht wie im Flug. Wie wäre es mit einer zweiten? Entsprechend beflügelt wird der antike Robu-Kran in den Farben Blau, Weiß und Rot passiert. Klack, klack geht es weiter am Museum Küppersmühle vorbei, wo früher der Mühlenbetrieb als Brotkorb des Ruhrgebiets bezeichnet wurde. Jetzt kurz aufpassen, den Puls fühlen und die Brücke am Porthsmouthdamm passieren. Hier liegt einem die große Marina Duisburg und der Holzhafen zu Füßen, und zu bestaunen sind wieder einmal die vielen, unterschiedlichen und schönen Sportboote aus teilweise ganz Deutschland. Sogar doppelstöckige Hausboote gab es hier schon. Nach rund zwanzig Minuten im flotten Tempo überquert man in der Mitte der Marina die Buckelbrücke, um einen Blick auf den eleganten Bürokomplex Five Boats zu werfen. Wer mag, macht ein paar Kniebeugen, dehnt sich etwas, und über dieselbe Brücke geht es dann zurück und rechts in Richtung Marientor. Jetzt heißt es dranbleiben, und schon ist die Haltestelle Schwanentor der Weißen Flotte erreicht, und da gibt es garantiert immer was zu gucken. Bitte dabei nur unbedingt in Bewegung bleiben, vielleicht etwas auf den Zehenballen wippen oder ganz leicht die Beine bewegen. Und schon ist eine maritime Sportstunde direkt am Wasser glanzvoll absolviert und gute Laune für den ganzen Tag garantiert. Da wäre nur eine Sache: Direkt an der Marina Duisburg steht sehr oft ein Eiswagen …

TIPP Im Sommer findet hier am zweiten Sonntag im Monat der Marina-Markt statt.

Innenhafen Duisburg, Philosophenweg, 47051 Duisburg
www.duisburg.de
ÖPNV: Bus 934, Haltestelle Hansegracht

Volle Kraft voraus

26 *Talsperre Haltern und Halterner Stausee*

Anscheinend ist es technisch wohl möglich, dass die Niagara-Fälle nachts mit gedrosselter Geschwindigkeit fließen. Das mag zwar sein, doch so etwas wäre bei der Talsperre Haltern am See am Halterner Stausee einfach undenkbar. Denn hier werden die Zuflüsse der Stever und des Halterner Mühlenbachs gestaut. Und dort befindet sich ein sehr wichtiges Trinkwasserreservoir, das unzählige Menschen im westlichen Münsterland und dem nördlichen Ruhrgebiet mit Frischwasser versorgt. Daher gibt es zwischen den Bewohnern und diesem tiefblauen See eine ganz besondere Beziehung, da beide ohne einander nicht existieren könnten und das auch gar nicht möchten. Nichts geht über einen Spaziergang oder eine Radtour einmal rund um den See. Ganz Eilige schaffen die fast neun Kilometer sicher in Rekordzeit, doch es ist viel schöner, vor Ort im Naturpark Hohe Mark die Natur zu Fuß oder sogar mit dem Kajak zu erkunden. 1930 wurde der Haltener Stausee erbaut, zwischendurch immer wieder erweitert, sodass er heute fast unvorstellbare 20,5 Millionen Kubikmeter Wasser fasst. Der dazugehörige, mächtige Staudamm ist ganze 1300 Meter lang, fast neun Meter hoch, und bei einem Blick auf das Stauwehr Haltern am See denkt niemand mehr auch nur im Entferntesten an die Niagara-Fälle. Denn an diesem Walzenwehr geht es mit den Wassermassen richtig zur Sache, und man erfährt, dass der Stausee aus einem Nord- und einem Südbecken besteht und da ordentlich Power hinter steckt. Deshalb sollte zum Schwimmen besser das idyllische Seebad Haltern gewählt werden, denn der 800 Meter lange Natursandstrand dort ist ohnehin nicht zu übertreffen. Und wer sich für eine Tretbootfahrt auf dem Stausee entscheidet, bekommt eine Garantie dafür, dass ihn kein Fahrzeug mit Motor überholt. Die einzige Ausnahme ist das Fahrgastschiff Möwe, doch dieses gleitet ganz ruhig über das Wasser, denn bei Haltern am See befindet sich eines der größten Vogelschutzgebiete der Gegend. Und seine Artgenossen möchte schließlich niemand verschrecken.

TIPP Im Seebad findet jährlich im Sommer das Stauseefestival statt.

Haltener Stausee und Talsperre, Nähe Hullerner Straße, 45721 Haltern am See
ÖPNV: Bus 272, Haltestelle Abzw. Haus Niemen

Frikandel zur Cocktail-Stunde

27 *Der Stadthafen Recklinghausen*

Echte Filmfans wissen, dass Leonardo DiCaprio früher Verwandte in Oer-Erkenschwick hatte und dieser Ort für viele Anhänger zu einer Art Pilgerstätte wurde. Doch wer sich selbst einmal wie ein Filmstar in den Hamptons mit einem Cocktail in der Hand fühlen möchte, hat es von dort aus gar nicht weit. Denn im Stadthafen Recklinghausen gibt es Küstenfeeling vom Allerfeinsten, und das direkt am Rhein-Herne-Kanal. Hier steht ein eleganter, schneeweißer Strandpavillon, der nach holländischem Vorbild errichtet wurde, und die ganze Einrichtung ist im „Shabby Chic" gestaltet. Das bedeutet, dass alles Material hochwertig und edel ist, aber ein bisschen maritime Patina bekommen hat, als hätten Wind und Sand noch mal drübergepustet. Daher fügt sich auch ein alter Industriekran auf dem Gelände perfekt ins Bild, und diesem sei von Herzen gegönnt, dass man die Spuren eines langen Arbeitslebens sieht. Denn hier im Stadthafen Recklinghausen ist Pausieren das oberste Gebot, und das fällt besonders im Liegestuhl leicht, vor allem wenn gegen Abend die Lichter in den Farben Türkis und Magenta angehen und es Zeit für einen Long Island Ice Tea mit ganz viel Zitronensaft und Zuckersirup ist – oder für eine Möhren-Ingwer-Cocos-Suppe mit Riesengarnelen. Dies alles könnte in den Hamptons gar nicht besser schmecken, und dort hat wahrscheinlich noch nie jemand von einer Frikandel Spezial gehört. Wie schade. Denn die deftige frittierte Fleischrolle schmeckt in dieser Strandbar einfach nur köstlich. Direkt an der Anlage führt auch der Emscher Park-Radweg vorbei, und selbst der eifrigste Radler muss irgendwann mal eine Pause einlegen. Spätestens im Winter wird im Innenbereich des Lokals der Kamin angezündet. Das macht den Stadthafen Recklinghausen so besonders, weil hier die Jahreszeiten eine große Rolle spielen und an alles und jeden gedacht wird. Ganz egal, ob Fleisch bevorzugt wird oder die Frikandel mit Soße und doppelt Mayo genossen werden möchte – Extrawürste sind ausdrücklich erwünscht.

TIPP Das Umspannwerk Recklinghausen besuchen, auch Museum für Strom und Leben genannt.

Stadthafen Recklinghausen, Am Stadthafen 10, 45663 Recklinghausen, Tel. (0 23 61) 9 60 62 11
www.stadthafen.com

ÖPNV: Bus SB20, Haltestelle Kanal Brücke in Herne

STADTHAFEN

Zirkuswelt am Wasser

28 *Das Bauwagenhotel in Mülheim*

Das Bauwagenhotel in Mülheim an der Ruhr hat auf einer grasgrünen Wiese an der Ruhr sein romantisches Lager aufgeschlagen. Fast nirgendwo sonst ist die Vegetation so üppig wie im Ortsteil Mintard mit seinen vielen Naturschutzgebieten. Hier stehen vier karminrote ehemalige Bauwagen, die von Hand umgearbeitet wurden und liebevoll mit Blumenkästen und Vogelhäusern dekoriert sind. Jedes Häuschen hat sogar eine eigene Terrasse aus Holzpaneelen davor. Die Idee kam den Pächtern, weil sie privat einen solchen Bauwagen zum Gästehaus umgearbeitet hatten und die Besucher immer eine Nacht länger blieben. Übernachtungsgäste fühlen sich wie in einem kunterbunten Zirkuslager am Wasser und erleben dabei täglich gleich mehrere Vorstellungen. Springende Lachse, ein Reiher, der sich stolz auf einer Boje präsentiert, und Schwäne, die in gigantischem Tempo den Fluss überfliegen. Wer hier übernachtet, stellt begeistert fest, wie wenig für wahres Glück eigentlich benötigt wird, zumal hinter den strahlend weißen Türen der Hotelzimmer im Mini-Format alles vorhanden ist. Es gibt ganz viel helles Holz, eine kuschelige Einrichtung in Naturfarben und eine perfekt ausgestattete Küche mit Kühlschrank und Strom. Bis zu vier Personen finden Platz. Besonders bei Regen, wenn die Tropfen ihr Konzert auf dem Dach geben, entsteht ein Gefühl von Geborgenheit und Wärme. Das kleine Dach aus Metall erinnert immer noch an die Wurzeln des Hotels, einen Bauwagen. Duschen und Sanitär gibt es auf der Anlage auch, aber so eine Katzenwäsche an der Ruhr hat schon was. Und die ist ja nur ein paar Schritte entfernt und im Sommer bis zu 26 Grad warm. Danach gibt es einiges zu tun: Decke ausbreiten oder Liegestuhl aufstellen, auf das Wasser schauen, Fische und Kanada-Gänse zählen und wieder auf das Wasser schauen. Dazwischen einen leckeren Cappuccino oder Tee auf den Stufen des Bauwagens genießen oder einen kleinen Mittagsschlaf halten. Danach geht es weiter: Decke ausbreiten, auf das Wasser schauen … einfach herrlich!

TIPP Direkt am Bauwagenhotel können auch Kanus gemietet werden.

- **Bauwagenhotel, Mintarder Straße 139, 45481 Mülheim, Tel. (01 74) 2 32 32 57**
  www.kanu-kettwig.de
- **ÖPNV: Bus 134, Haltestelle Haus Kron**

Die schwimmende Schnecke

29 *Mit dem Hausboot über die Ruhr in Mülheim*

Manchmal steht die Zeit einfach still, weil alles so schön und friedlich ist und jeder sich stets an diese Momente erinnern wird, wie an eine Fahrt auf der Ruhr mit der Escargot, einem kleinen Hausboot aus Holz mit zwei Tretantrieben wie bei einem Fahrrad. Diese Schnecken können im Hafen von Mülheim an der Ruhr für einen Tag oder auch länger gemietet werden. Ein Bootsführerschein ist dazu nicht notwendig. Eine Familie mit Hund findet spielend Platz zum Schlafen und Kochen. Für ein Wochenende zu empfehlen ist die Route von Mülheim bis Kettwig. Ab fünf Personen wird es auf dem Schiffchen zwar kuschelig, aber man kann auch draußen im Schlafsack die Sterne zählen. Und die spektakulärsten Sonnenuntergänge, wo der Himmel von dunkelrosa zu violett wechselt, gibt es eh nur im Ruhrgebiet. Dann backen ja bekanntlich die Engelchen ihr Brot. Ohnehin gleitet das Tretboot die ganze Passage über himmlisch dahin, obwohl etwas Anstrengung auch sein muss, denn den Hilfsmotor anschmeißen kann jeder. Eine der ersten Stationen ist in Mülheim die Schleuse, da kann eine kurze Pause eingelegt werden, wenn diese von unten nach oben gefahren wird. Danach schippern bzw. strampeln die frischgebackenen Bootsfahrer weiter die Ruhr hinauf, also zu Berg. Backbord und somit links liegen der Thyssen-Park und die imposante ehemalige Jugendherberge Kahlenberg. Hier sind ganz junge Schwäne zu sehen sowie springende Lachse, und die Skipper erleben, wie viel Kraft ein Wels hat, wenn er mit der Flosse gegen das Hausboot schlägt. Unbedingt besucht werden muss die Anlage des Motor-Segelyachtclubs in Mülheim (MSYC) bei Ruhrkilometer 14,6. Diese ist eine der schönsten und gepflegtesten in ganz Deutschland und mitten im grünsten Naturschutzgebiet. Es gibt sogar einen eigenen Umweltbeauftragen und blitzsaubere, sanitäre Anlagen. Und was kann schöner sein als eine heiße Dusche, bevor Seeleute müde und dankbar in die Koje schlüpfen. Jetzt noch auf den rosa Himmel warten und einen Knoten ins Taschentuch machen.

TIPP In der Schleuse bitte Schwimmweste tragen.

Grüne Flotte, Hafenstraße 15, 45478 Mülheim, Tel. (02 08) 74 04 98 75
www.gruene-flotte.de, www.msyc.info
ÖPNV: Bus 135, Haltestelle Nordhafen

Zu Fuß durch die Schleuse

30 *Alte Schachtschleuse Henrichenburg in Waltrop*

Wer eine Schleuse durchquert, denkt nicht zuerst daran, dies ohne ein Boot zu tun. Auch einen Spaziergang über grünen Rasen verbindet niemand automatisch mit einer Schleusung, noch viel weniger mit einer Radtour. Doch die Alte Schachtschleuse Henrichenburg in Waltrop kann tatsächlich nur zu Fuß oder mit dem Fahrrad durchquert werden – und das sogar ohne mit nur einem einzigen Tropfen Wasser in Berührung zu kommen. Außer es finge an zu regnen, aber selbst dann sind Spaziergänger durch die meterhohen Schleusenmauern aus historischem Backstein bestens geschützt. Das alte Mauerwerk zeigt noch immer sehr gut, bis wohin einmal das Wasser gestanden hat. Und wenn doch noch ein Sturm aufkommen sollte, kann man sich wunderbar an den antiken Pollern festhalten. Über diese stabilen Halterungen in der Schleusenwand legten hier früher die Schiffer, wenn der Schleusenvorgang stattfand, Etage für Etage ihre Leinen. Das Tauwerk darf übrigens immer nur locker umgelegt und niemals fest verknotet werden, damit es sich im Notfall rasch lösen lässt. 1914 wurde die Schachtschleuse am Dortmund-Ems-Kanal fertiggestellt, und ihre hochherrschaftlichen Türme erinnern eher an eine stattliche Burg oder Festung als an ein Industriedenkmal. 1989 fand die Stilllegung der Schleuse statt, doch es sieht immer noch so aus, als würde sich das tonnenschwere grüne Schleusentor jeden Moment in Bewegung setzen. Es erscheint wie eingefroren, und so geht jeder zuerst einmal mit dem nötigen Respekt durch das Tor, welches heute auf dem Landweg das ehemalige Ober- mit dem Unterwasser verbindet. Von hier aus gibt es einen wunderschönen Blick auf den Kanal. Die grüne Anlage um die Alte Schachtschleuse Henrichenburg ist ein Naturschutzgebiet für Wasservögel, die man von den Bänken und Spazierwegen aus beobachten kann. Hier, an diesem Seitenarm des Kanals, ist alles ein bisschen ruhiger, und die Zeit scheint stehen geblieben zu sein. Ganz sicher wird das Tor der alten Schachtschleuse noch viele Stürme überstehen.

TIPP
Von hier aus immer am Kanal entlang zum alten Schiffshebewerk Henrichenburg laufen.

Alte Schachtschleuse Henrichenburg, Recklinghäuser Straße 320 a, 45731 Waltrop
ÖPNV: SB 22, Haltestelle Wittener Straße, Datteln

Südseefeeling mit Currywurst

31 *Freizeitpark und Bistro in Haltern am See*

Sehr entspannt und gemütlich sitzen die fröhlichen Gäste in großen Lounge-Sesseln auf der Terrasse des Bistros im Freizeitpark Flaesheim in Haltern am See. Wer mag, kann auch im Strandkorb unter Palmen Platz nehmen. Zur rechten Seite fließt der Wesel-Datteln-Kanal. Die gesamte Anlage ist umgeben von einem dichten, tiefgrünen Wald. Die nette Bedienung hatte empfohlen, unbedingt draußen zu essen, weil die Aussicht auf den See einfach traumhaft sei. Dessen Oberfläche ist weder blau noch grün, sondern hat die Farbe von einem Smaragd. Durch kristallenes Wasser schauen die Badegäste bis auf den Grund, und niemand kann sich vorstellen, dass es gerade auf den Bahamas schöner ist, zumal auf dem Teller eine perfekte, dunkelrote Currywurst mit goldenen und knusprigen Pommes liegt, garniert mit kleinen Flocken von Paprikagewürz. Dieser Anblick muss erst einmal genossen werden, bevor es mit dem Essen losgeht. Essen, das schmeckt wie Heimat, denn hier ist immer noch das Ruhrgebiet. Schon sehr weit im Norden und fast an der Grenze zum Münsterland, doch Pott ist eben Pott. Aber plötzlich herrscht Unruhe, da ist was im Schuh. Etwas, von dem man fast vergessen hatte, wie es sich anfühlt – Sand, ganz fein und hell, als wäre er frisch aus der Südsee eingeflogen worden. Denn das Bistro im Freizeitpark Flaesheim liegt direkt an einem großen Strand, der in einen ehemaligen Baggersee übergeht. Es ist sicher kein Zufall, dass dieses hellgrüne und glitzernde Gewässer bis heute keinen Namen hat. Von manchen Dingen oder Zutaten muss nicht jeder erfahren, das ist wie bei alten Familienrezepten. Trotzdem haben auch kleinere Sportboote hierher gefunden und schaukeln im Gleichklang mit den Wellen vom Kanal an einem langen Steg. Im Hintergrund wird Beachvolleyball gespielt, und Kinder können gar nicht genug vom Schwimmen bekommen. Der Sand rieselt durch die Finger, die Schuhe sind längst ausgezogen, und die Sonne scheint wunderschön. Zeit also, noch eine zweite Currywurst zu bestellen.

TIPP Diese Oase liegt auf einem Privatgrundstück, daher an der Schranke kurz im Bistro anrufen.

Freizeitpark und Bistro Flaesheim, Flaesheimer Straße 600, 45721 Haltern am See, Tel. (0 23 64) 9 49 37 91, www.flaesheim.freizeit-oasen.de

ÖPNV: Bus 288, Haltestelle Flaesheimer Straße 66

ofer
Schöfferhofer

Mit der Sonne baden

32 *Der Seaside Beach Baldeney in Essen*

Man tippt zuerst einmal vorsichtig mit dem großen Zeh in das glasklare Wasser des Baldeneysees, dann geht man mutig mit den Beinen hinein, und schon sind auch die Schultern drin. Jetzt noch mit dem Kopf kurz untertauchen, und die Überraschung ist perfekt. Der See ist nämlich gar nicht kalt, sondern erfrischt und belebt ganz wunderbar. Hier duftet es nach Sommertag und frisch gemähtem Gras, und wenn auf der Wasseroberfläche kleine Blüten und Blätter sanft dahintreiben, fühlt man sich wie auf einer schwimmenden Blumenwiese. Hier, an der bewachten Badestelle vom Seaside Beach Baldeney, badet man sicher und geborgen. Die Schwimmer achten aufeinander an den langen Stegen, die vom Palmenstrand in das Gewässer führen. Rettungsschwimmer haben alles und jeden im Blick, und die Wasserwerte werden täglich kontrolliert. Denn auch wenn die Ruhr und der Baldeneysee heute eine perfekte Wasserqualität besitzen, so gilt unter anderem wegen Strömungen ein Badeverbot. Doch in der Idylle des Seaside Beach Baldeney muss sich niemand Sorgen machen, sondern kann einen unbeschwerten Tag genießen. Seit 2017 ist das Baden hier möglich. Auch in Mülheim gibt es regelmäßig ein Ruhrschwimmen. Dabei legen die Teilnehmer in kleinen Gruppen und bei ruhigem Tempo eine Strecke von rund zwei Kilometern schwimmend zurück, begleitet von mehreren Booten der Wasserwacht. Nebenbei erfahren die Schwimmer viel Wissenswertes über den heimischen Fluss, wie zum Beispiel, dass von Hattingen aus der Wasserpegel für den Baldeneysee und die Ruhr ständig kontrolliert wird. Dazu gibt es dann Meldungen für die Schifffahrt. Eine der schönsten Nachrichten ist, dass man am Seaside Beach Baldeney sogar im Oktober noch gemütliche Stunden im Liegestuhl verbringen kann, ganz besonders nach einem ausgedehnten Spaziergang am See. Die Sonne gibt an diesem Tag noch einmal alles, und wer friert, deckt sich einfach ein bisschen zu. Aber bitte vorher den großen Zeh fragen, ob er heute ausnahmsweise auf das Bad im See verzichten kann.

TIPP Durch den Fluss mit Genuss beim Ruhrschwimmen in Mülheim, www.wasserwacht-muelheim.de

Seaside Beach Baldeney, Freiherr-vom-Stein-Straße 384, 45133 Essen, Tel. (02 01) 4 90 60 90
www.seaside-beach.de

ÖPNV: S 6, Haltestelle Essen Hügel

Liebe auf den ersten Blick

33 *Dorf und Rheinaue Friemersheim in Duisburg*

Selbst wer gebürtig aus dem Ruhrgebiet stammt, kennt oft das Dorf Friemersheim und die Rheinaue Friemersheim im Duisburger Stadtbezirk Rheinhausen nicht. Umso größer ist die Überraschung, wenn man den kleinen Ort besucht, der unter Denkmalschutz steht und erstmals im 9. Jahrhundert erwähnt wurde. Der historische Dorfkern ist mehr oder weniger komplett erhalten, es gibt viele alte Backsteinhäuser, und es würde keinen wundern, wenn gleich die Kinder aus Bullerbü fröhlich um die Ecke liefen, so idyllisch und schön ist es hier – und das nicht nur zu Zeiten der Kirschblüte. Fast alle Besucher verlieben sich auf den ersten Blick in das Dorf und ärgern sich ein bisschen, dass sie hier noch nicht früher waren, obwohl einen der Weg schon oft nach Rheinhausen führte. In dieser Siedlung ist die Zeit wirklich stehen geblieben, und innerhalb von Sekunden ist vergessen, dass man nur wenige Kilometer von der Großstadt Duisburg entfernt ist. Eine der romantischsten Sehenswürdigkeiten ist die Dorfkirche aus dem Jahre 1147 oder das ehemalige Lehrerhaus von 1800, in dem sich nun ein Heimatmuseum befindet. Auch der alte Friedhof erzählt ganz viel von der Geschichte des Dorfes. Alles liegt direkt bei der Rheinaue Friemersheim, die sich vom Rheinhausener Hafenbassin bis zur Stadtgrenze in Krefeld erstreckt. Die Deichlandschaft ist seit 1979 Naturschutzgebiet, und dort sind viele alte Obstbäume, Sträucher und einheimische Tiere zu finden. Diese Rheinauen sind rund 262 Hektar groß, fast sechs Kilometer lang und ein natürlicher Teil des Überschwemmungsgebietes des Rheins bei Hochwasser. Dabei nimmt ein kleiner, vom Fluss abgetrennter Arm, auch genannt Roos, wieder Verbindung zu Vater Rhein auf. Ab hier – und das nicht nur bei Sonnenschein – starten die schönsten Wanderungen und Radtouren. Ganz besonders im Winter sieht die Landschaft im weißen Gewand wie verzaubert aus. Die meisten Ausflügler beschließen, gleich den nächsten Besuch nach Friemersheim zu planen, vielleicht sogar schon morgen.

TIPP

Auch der Kruppsee in der Nähe ist prima für einen Ausflug.

Dorf Friemersheim, 47229 Duisburg, Rheinaue Friemersheim, 47229 Duisburg
www.friemersheim.eu
ÖPNV: Bus 914, Haltestelle Friemersheim Markt

34 *Die Schlossinseln von Gladbeck*

Schloss Wittringen in Gladbeck ist an sich schon eine große Berühmtheit, denn das stolze Anwesen, dessen Geschichte bis das 13. Jahrhundert zurückreicht, begeistert jeden Besucher mit einem perfekten Postkartenanblick. Hier stimmt es wirklich, dass etwas so schön wie gemalt aussieht. Doch erst so richtig glücklich machen die vielen Inseln, von denen das Wasserschloss auf fast verschwenderische Weise umgeben ist. Dazu muss niemand reif für die Insel sein, sondern jeder kann einfach nur ein paar unbeschwerte Stunden auf oder an dem adeligen Eiland verleben. So gibt es hier, umgeben von idyllischster und prachtvollster Natur, die rechteckige Schlossinsel, die mit der sogenannten Vogelinsel verbunden ist. Diese ist vom historischen Innenhof des Schlosses über eine alte Holzbrücke zu erreichen und immerhin rund 840 Quadratmeter groß. Im Sommer haben hier über 200 Vögel ihre sommerliche Heimat. Das ganze Anwesen umgibt ein Gräfte, auch Wassergraben genannt, der früher zur Verteidigung des Schlosses diente. Doch inzwischen kommen alle Ausflügler nur mit äußerst friedlichen Absichten hierher, und die Spaziergänger sind restlos begeistert, wenn sich das Schloss im Wasser der vielen Teiche und des Burggrabens spiegelt. Dann steht wirklich jeder vor lauter Glück und Lebensfreude gemeinsam mit dem Wasserschloss buchstäblich Kopf, inmitten einer Teichlandschaft, wo auch Boote verliehen werden. Das fühlt sich dann an, als würde man in einer längst vergangenen Zeit äußert stilvoll über die Wasseroberfläche gleiten. Nördlich vom Schloss gibt es einen weiteren Teich, wo eine sehr große Fontäne zu bestaunen ist, und erneut gibt das herrschaftliche Anwesen wieder eine seiner Schokoladenseiten preis. Auf Schloss Wittringen ist übrigens auch das spannende Museum der Stadt Gladbeck beheimatet. Wer mag, lässt es sich im hauseigenen Restaurant und dem Biergarten sehr, sehr gut gehen. Und bestätigt gerne, dass das Leben wirklich ein langer, ruhiger Fluss sein kann. Heute auf jeden Fall.

TIPP

Der Eintritt in den Park ist kostenlos.

Wasserschloss Wittringen, Burgstraße 64, 45964 Gladbeck, Tel. (0 20 43) 2 23 23

ÖPNV: Bus 189, Haltestelle Stadion Gladbeck

Eine Eislänge bis zur Ruhr

35 *Kika's Eiscafé in Essen*

Die Stadt Essen hat unzählige Orte, die so schön sind, dass es für einen Ausflug eine echte Glücksgarantie gibt. Den Baldeneysee, die Villa Hügel oder die Gruga. Doch ein Besuch von Kika's Eiscafé im Herzen von Essen Werden, nur eine Eislänge von der Ruhr entfernt, stellt nicht nur an einem heißen Sommertag alles in den Schatten. Nirgendwo sonst gibt es so bunte Eiskreationen, an deren unglaublichen Genuss jeder noch Jahre später denkt. Alle Köstlichkeiten im Laden werden selbst hergestellt mit Rezepten, die seit der Eröffnung 1981 nicht verändert wurden. Hier werden in großen Eisschalen wahre Kunstwerke serviert – wie ein üppiger Mozart-Becher oder der Hawaii-Traum, der mit Ananas, Orangenlikör und einer tiefblauen Tropic-Blaubeer-Sauce angerichtet ist. Eisliebhaber schmelzen dahin. Kika's Eiscafé ist nach dem Gründer Ernst Kimmeskamp benannt, doch seit fast zwanzig Jahren führt Monika Reinhardt erfolgreich das Geschäft. Nur eine Sache hat sich nie geändert – das Eis ist so begehrt, dass man schon mal lange in der Schlange, die oft bis auf die Straße reicht, warten muss. Aber das ist nicht schlimm, denn es fühlt sich an wie auf einer italienischen Piazza. Im Sommer ist jeden Tag ab vormittags bis 22 Uhr geöffnet, und es gibt (leider) eine kurze Winterpause. Ein Spaghetti-Eis schmeckt hier einfach perfekt. Niemand kann ganz genau sagen, warum. Liegt es an dem frischen und festen Sahne-Kern, der zart vom Vanilleeis umschlossen ist oder den geraspelten und frischen Nüssen, die im Café von Hand geröstet werden? Zudem steht im gemütlichen Innenbereich ein pastellfarbener Traum: türkise Bistrostühle, Korbsessel in den Farben einer Erdbeere und rosa Vorhänge, die genau zu den Orchideen auf der Theke passen. Dazu wird der Gast unglaublich nett und rasch bedient. Und auf der Karte findet sich wirklich für alle etwas, zum Beispiel der Wodka-Feige-Becher, der mit Karamell und Walnüssen serviert wird. Oder einfach nur eine Kugel Vanilleeis im Hörnchen, vielleicht auch zwei.

TIPP

Man kann von hier immer an der Ruhr entlang in die Kettwiger Altstadt laufen.

Kika's Eiscafé, Werdener Markt 2, 45239 Essen, Tel. (02 01) 49 39 97
www.kikas.de
ÖPNV: S 6, Haltestelle Essen-Werden

Vanille*
Schoko*

Klein, aber oho

36 *Die Pegelstation in Hattingen*

Jeder, der im Ruhrgebiet nur ansatzweise mit der Schifffahrt zu tun hat, kennt ihn oder hat zumindest schon von ihm gehört, denn er ist sehr mächtig und wichtig und kann im Ernstfall sogar Leben retten. Er bestimmt das Leben von Berufsschiffern und Wassersportlern und jedem, der einen Ausflug an die Ruhr oder an einen der Stauseen plant. Alle sprechen von ihm mit dem allergrößten Respekt und manchmal auch nur leise oder hinter vorgehaltener Hand. Denn man sollte es sich mit ihm nicht verscherzen. Es geht um den Pegel in Hattingen, der so etwas ist wie der Wettergott der Region und entscheidet, ob die Wasser- und somit Pegelstände für die Schifffahrt zu hoch oder zu niedrig sind. Diese werden an die Talsperrenleitzentrale Ruhr übermittelt, und dann wird entschieden, ob für den einen oder anderen der Sonntagsausflug mit dem Schiff oder noch vieles mehr buchstäblich ins Wasser fällt. Tatsächlich aber residiert die Pegelstation in Hattingen sehr bescheiden, und zwar in einem kleinen Häuschen in Hattingen direkt an der Ruhr, und auf diese Messstation wurde einst idyllisch ein Bauer mit seinem Pferd gemalt. Doch für den Pegel Hattingen zählen nur harte Fakten wie die Messdaten für Niedrigwasser, Hochwasser, Durchfluss und Fließgeschwindigkeit. Bei Sportbootfahrern geht kurz vor der Saison Mitte April immer das große Zittern los, ob denn noch Talsperren im Sauerland geöffnet werden und so zum Beispiel auf der Ruhr Hochwasser entstehen kann. Und das bedeutet dann für alle ein Fahrverbot, wenn der Pegel in Hattingen die Schallmauer von 385 Zentimetern durchbricht. Wer einmal ein Hochwasser auf der Ruhr erlebt hat, wird das Geräusch der Wassermassen nicht vergessen und sich an die Uferwege erinnern, die überschwemmt wurden. Auch sehr beliebte Ausflugsziele wie der Ruhrtalradweg können dann betroffen sein. Gleichzeitig ist jeder fasziniert von der Stärke und Urkraft der Natur und wie diese das Sagen hat. Doch wie gut, dass es den Pegel in Hattingen gibt, denn der passt auf.

TIPP

Viele Talsperren können über Webcams beobachtet werden.

Pegelstation Hattingen, An der Ruhrbrücke/Leinpfad, 45525 Hattingen
ÖPNV: S 3 Haltestelle Bahnhof Hattingen

Lebens
gefahr

Wie frisch verliebt

37 *Ein Sommermorgen am Kanal in Oberhausen*

Die Sonne hat ganz viel geprobt für diesen strahlenden Morgen am Rhein-Herne-Kanal und gibt eine glitzernde und goldene Vorstellung. Es lässt sich gut aushalten auf einer Decke im sommerlichen Gras und dicht bei der Schleuse Oberhausen. Ganz leise plätschern die Wellen der Schifffahrt in diesen wohligen Traum, und die vertrauten Geräusche der A42 mischen sich darunter wie ein emsiger Bienenstock. Wolken tanzen am Himmel, und es lässt sich völlig abschalten. Alles fühlt sich heute so an wie frisch verliebt sein. Verliebt in das Leben, die Heimat und diesen Zaubermoment am Kanal. Wir sind das Ruhrgebiet – ja, ich will. Links hinter der Schleuse kann man einen schönen Spaziergang am Kanal entlang starten. Dort stehen Kunstwerke, die auf großen Tafeln von Geduld, Mut und strahlender Morgensonne erzählen. Hier, auf dem Abschnitt zwischen Schleuse und dem CentrO an der Neuen Mitte, hat alles und jeder seinen festen Platz, wie bei einer perfekt einstudierten Choreographie, bei der sich alle gegenseitig Raum lassen. Kanu-Polo-Spieler nutzen begeistert die Heckwelle der Frachter und behindern sie dennoch nicht. Begegnungen zwischen zwei großen Dampfern sind ganz genau kalkuliert, und Berufsschiffer geben Sportboot-Kapitänen hilfreiche Tipps. Treue Fußballfans von Rot-Weiß-Oberhausen pilgern von hier zum Stadion Niederrhein, und Radfahrer halten auch mal für Fußgänger an. Viele Menschen sitzen einfach nur auf Bänken und schauen dem fröhlichen Treiben zu. Doch eine Schafherde mitten auf dem Uferweg hat mit nichts und niemandem was am Hut. Rasch sind Spaziergänger umzingelt von einer wollweißen blökenden Truppe. Die nette Schäferin sagt, man solle die Tiere unbedingt streicheln, sie mögen das. Also kuscheln sich alle von Schäfchen zu Schäfchen, die sich so weich wie Zuckerwatte anfühlen. Denn Glück soll bekanntlich immer geteilt werden. Und das macht ganz besonders viel Spaß bei einer Schmusestunde mit Schafen am Rhein-Herne-Kanal. Denn das Ruhrgebiet sind wir alle zusammen.

TIPP

Die Jungs der Ruhrpottband Emscherkurve 77 machen deutsche Musik vom Feinsten, www.emscherkurve77.de

Rhein-Herne-Kanal, Schleuse Oberhausen, Kreuzstraße 3, 46049 Oberhausen-Lirich
ÖPNV: Bus 957, Haltestelle Veilchenweg

Geduld

Asche war einmal

38 *Der Phoenix See in Dortmund*

Es gibt nur wenige Seen, nach denen gleich eine ganze Fernsehserie benannt wurde. Natürlich kennt jeder den Filmklassiker *Der Schatz im Silbersee,* doch wie so oft muss niemand in die Ferne schweifen, sondern findet eine richtige Berühmtheit vor den Toren Dortmunds. Nämlich den Phoenix See, wie auch die gleichnamige WDR-Serie heißt, die vom Leben und seinen Bewohnern rund um dieses Gewässer erzählt. Wer einen maritimen Ausflug plant und dabei noch ein bisschen Filmkulissen bewundern möchte, der ist im Stadtteil Hörde genau richtig. Im Frühjahr 2011 wurde auf dem ehemaligen Stahlwerksareal Phoenix-Ost der See angelegt. Sehr passend zur Bootssaison, denn die geht bei Hobby-Schiffern meist von April bis Oktober, und an diesem tiefblauen Gewässer erschließt sich ein wahres Paradies zum Segeln, Paddeln und Rudern. Während der Blick versonnen über die 24 Hektar große, leicht wellige Seefläche wandert, kann keiner sich so recht vorstellen, dass hier früher eines der Zentren der Stahlindustrie beheimatet war. Natürlich wurde der Phoenix See künstlich erschaffen und mit ihm die Umgebung, doch bei einem Spaziergang auf dem Deich fühlen sich Besucher und Anwohner so wohl wie im Urlaub auf einer ostfriesischen Insel. Und schließlich hat das Ruhrgebiet ja auch einen eigenen und voll funktionstüchtigen Leuchtturm. Entlang der Promenade lässt es sich prima über einen Rundweg von drei Kilometern joggen, oder die Seele baumelt einfach ein bisschen. Anschließend gibt es einen Kaffee an der Promenade, die kleine Auszeit wird noch mal verlängert, und niemand verschwendet einen Gedanken daran, dass morgen Montag ist. Vielmehr muss man an die Kinderkuren denken, die zwischen 1960 und 1970 im Ruhrgebiet sehr populär waren, um das Immunsystem der Kinder zu stärken. Damals ging es wegen der guten Luft bevorzugt nach Sylt oder an den Königssee. Und eigentlich klingen Königssee und Phoenix See ziemlich ähnlich – nur mit dem Unterschied, dass Dortmund zum Ruhrgebiet gehört und Heimat ist.

TIPP Hier am See ist ein beliebter Treffpunkt für Modellbauer von Schiffen im Miniatur-Format.

Phoenix See, Hafenpromenade, 44263 Dortmund

ÖPNV: RB 53, Haltestelle Dortmund-Hörde

Hafencity

39 *Der Stölting Harbor in Gelsenkirchen*

Auf den meisten Kreuzfahrtschiffen sind es oft nur eine oder zwei Stunden, in denen alle Restaurants geschlossen sind – und zwar nur nachts. Auch im Stadthafen Stölting Harbor in Gelsenkirchen gibt es rund um die Uhr das maritime Wohlfühlpaket, egal, ob man richtig schön essen gehen möchte, abends in einer edlen Bar chillen will oder einfach nur ein Eis oder ganz frischen Kuchen an der Promenade vom Stadtquartier Graf Bismarck genießt. Dabei bildet die große Marina, wo Platz für über 70 Motor- und Segelboote ist, das maritime Herzstück. Die Wurzeln von Hafenmeister Swen Meier liegen im Rheinland, und er beantwortet alle Fragen der Gäste so perfekt und charmant wie ein Concierge in einem Luxushotel. Diese neue Stadt am Wasser wurde 2018 eröffnet, bis 1966 war hier der Werkshafen der Zeche Graf Bismarck, die 1868 gegründet wurde und hauptsächlich Kohle verschiffte. Lange war diese Gegend eine Industriebrache und wartete nur darauf, wachgeküsst zu werden. Das ist auf ganz wunderbare Weise gelungen. Heute können hier richtige Schlemmertage einlegt werden, und dazu gehört auch ein Besuch bei einem waschechten Kind aus dem Pott. Im Steakhaus Das Ruhrkind gibt es für Liebhaber von Fleisch und Fisch alles, was das Herz begehrt. Von der Trüffelbratwurst bis zum Dry Aged Beef oder einem Burger aus Lammfleisch. Zum Nachtisch lehnen sich Skipper und Hafengäste wohlig zurück in himmelblaue Kissen und freuen sich über hausgemachte, frische Limonade mit Minze. Oder genießen einen Teller herzhafter Spaghetti beim Italiener nebenan, bei Purino. Und für eine Kirschmandeltasche in der Ruhrgebietsbäckerei Zipper, ebenfalls am Hafen, ist immer noch Platz. Wer es ganz genau wissen will, bekommt dort sogar ein Schlaumeierbrot. Danach sollten die Seemannsgeschichten eigentlich nur so sprudeln. Ganz besonders gut geht das bei einem Cocktail im eleganten M One Club. Und wenn der schließt, geht über dem Rhein-Herne-Kanal gerade die Sonne auf, und es ist Zeit für ein richtig schönes Frühstück.

TIPP Ganz nah ist die ZOOM Erlebniswelt Gelsenkirchen, die aus dem ehemaligen Ruhrzoo entstanden ist.

Stölting Harbor, Johannes-Rau-Allee, 45889 Gelsenkirchen, www.stoelting-marina.de, www.das-ruhrkind.de, www.purino.de, www.baeckerei-zipper.de, www.m-one.club

ÖPNV: Bus E34, Haltestelle Johannes-Rau-Allee

Stölting Harbor
Stölting
Stölting

Kaiserliche Kaffeetafel

40 *Gastrobus und Schiffshebewerk Henrichenburg*

Das historische Schiffshebewerk Henrichenburg in Waltrop wurde 1899 feierlich durch Kaiser Wilhelm II. höchstpersönlich eingeweiht. Noch heute beeindruckt der Prachtbau mit kunstvollen Türmen und dem preußischen Adler am Dortmund-Ems-Kanal. Besonders bei Dunkelheit, wenn das sandfarbene Denkmal angestrahlt wird, herrscht eine hochherrschaftliche Aura. Hier wurden damals, was eine Sensation war, die Schiffe mit einem Aufzug nach oben transportiert. 1970 wurde der Betrieb stillgelegt, und heute befindet sich hier ein großartiges Museum, in dem alles über die Geschichte der Binnenschifffahrt zu erfahren ist. Auf dem Gelände gibt es auch Langers Gastrobus zu bestaunen, einen komplett fahrtüchtigen Londoner Doppeldeckerbus aus dem Jahre 1959, der einmal eine Linie 1 war und natürlich das Steuer auf der rechten Seite hat. Das dunkelgrüne Gefährt fühlt sich hier richtig wohl und ist zum Wahrzeichen geworden. Seine neue Heimat ist ja auch so etwas wie eine Insel oder besser gesagt eine friedliche Oase. Man genießt knusprige Waffeln, Eisbecher oder ein frisch gezapftes Bier. Seit zehn Jahren betreibt Birgit Langer dieses außergewöhnliche Café mit Unterstützung ihres Mannes, der Berufstaucher ist. Alles findet draußen und im Grünen statt, und das Schiffshebewerk ist nur eine Wurfleine entfernt. Sollte einmal kein Kaiserwetter sein, so finden die Gäste stilecht im Oberdeck des Busses Platz. Von hier aus gibt es den perfekten Ausblick auf den Kanal und die zahlreichen Berufsschiffe. Im Unterwasser des alten Schiffshebewerks befindet sich auch die Hafenanlage des Motorboot-Clubs Lüdenscheid, der über siebzehn Mal in Folge mit der Blauen Flagge ausgezeichnet wurde. Damit werden besondere Bemühungen um die Umwelt geehrt. Das Schiffshebewerk Henrichenburg und seine Umgebung waren schon immer ein ganz besonderer Ort. Wie blaue Glücksorte so sind. Das wusste bereits der Kaiser, und der hätte sich ganz sicher über eine gemütliche Pause im Doppeldeckerbus gefreut.

Langers Gastrobus, Im Depot 45, 45731 Waltrop, Tel. (0 23 63) 91 83 13
LWL-Industriemuseum, Am Hebewerk 26, 45731 Waltrop, Tel. (0 23 63) 9 70 70
www.hebewerk-henrichenburg.de
ÖPNV: SB 22, Haltestelle Wittener Straße, Datteln

Langer
Gastrobus
Ihre Gastronomie mit Herz
Stauder
Ehrlich wie das Ruhrgebiet.
seit 1867
1
Ihre
Gastronomie
mit Herz
birgitsgastrobus@web.de
BIRGITS BUS
GASTROBUS
Stauder
Ehrlich wie das Ruhrgebiet.

Einfach mal nichts tun

41 *Die Fahrgastschiffe Santa Monika I–III*

Die Ausflugsschiffe Santa Monika I–III sind so etwas wie die Mädchen für alles, wobei das bitte nur als größtes Kompliment zu verstehen ist. Denn die drei tapferen Mädels fahren bei Wind und Wetter über die Kanäle und Gewässer im Ruhrgebiet. Sturm macht ihnen gar nichts aus, bei Schnee freuen sie sich über die kleine Abkühlung, und Nebel ist ja gut für den Teint, das weiß schließlich jede Frau, die Wert auf ihr Äußeres legt. Die weiß-roten Schiffe der Santa Monika-Flotte sind so etwas wie die Schönheitsköniginnen unter den Fahrgastschiffen (außer natürlich den Schwestern der Weißen Flotte in Mülheim an der Ruhr). Und bei den Touren durch das ganze Ruhrgebiet scheint eigentlich immer die Sonne, auch wenn es nur im Herzen und manchmal unter Deck ist. Von dort aus gibt es immer etwas zu gucken, denn auf den Stammstrecken Dortmund-Ems-Kanal oder Datteln-Hamm-Kanal präsentiert sich die grüne Uferlandschaft des Ruhrgebiets von ihren schönsten Seiten. Und wer es noch nicht wusste, wird spätestens hier bemerken, dass vom Wasser aus alles noch einmal ganz anders aussieht als von Land. Die familiengeführte Flotte der Santa Monika I–III mit Heimathäfen in Dortmund und Hamm garantiert den Gästen unbeschwerte Stunden auf dem Wasser, und die Touren und Sonderfahrten führen einmal quer durch den Ruhrpott. Da stehen Henrichenburg, Rünthe, Lünen oder Münster im Logbuch, und diese Orte lesen sich für Bootsliebhaber noch schöner als jedes Ziel auf allen Weltmeeren. Die Fahrgastschiffe können auch für eine Familienfeier oder einen anderen besonderen Anlass gechartert werden. Hier erleben die Passagiere eine Mini-Kreuzfahrt, zu der jeder ohne großen Aufwand anreisen kann – ohne schwere Koffer oder lange Warteschlangen am Flughafen. Allein diese Tatsache kann schon sehr glücklich machen. Dann heißt es nur noch an den Häfen ankommen, ablegen, und los geht die Fahrt, entspannter kann ein freier Tag nicht verbracht werden. Und das Beste dabei ist, dass niemand beim Ablegen helfen muss.

TIPP In Dortmund ist die Anlegestelle ganz in der Nähe des Alten Hafenamts.

Santa Monika Dortmund: Anlegestelle Speicherstraße 2, 44147 Dortmund, Tel. (0 23 81) 46 04 44
ÖPNV Dortmund: U 49, Haltestelle Hafen
Santa Monika Hamm, Anlegestelle Richard-Mattaei-Platz 1, 59065 Hamm, Tel. (0 281) 46 95 92
ÖPNV Hamm: RE 1, Haltestelle Hamm

SANTA MONIKA II

Herz, was willst du mehr

42 *Zum Yachthafen in Castrop-Rauxel*

Yachthäfen mit eigener Gastronomie gibt es wie Sand am Meer und ganz viele davon auch im Ruhrgebiet, doch auf dem Gelände des Restaurants zum Yachthafen in Castrop-Rauxel am Rhein-Herne-Kanal in Sichtweite zur Schleuse Wanne-Eickel ticken die Uhren etwas anders. Das liegt zum einen an der direkten Nachbarschaft zum Boots-Verein AMC Castrop, was für Automobil-Motorbootclub steht, denn hier im ehemaligen Schlepper- und Kohlehafen begann alles mit Autos und nicht mit Schiffen. Später wurde der König-Ludwig-Hafen für weitere Liegeplätze von Sportbooten stilvoll mit ausgebaut. Und so nimmt man im Restaurant zum Yachthafen auf der Sonnenterrasse direkt am Kanal Platz und schaut dem maritimen Treiben zu. Das findet hier hauptsächlich auf dem Land statt, denn auf der Anlage werden große und kleine Boote von Hobby-Skippern liebevoll gewartet und repariert. Der Platz ist besonders im Winter im ganzen Ruhrgebiet so begehrt, dass es eine lange Warteliste gibt. Doch die Restaurantgäste legen die Hände entspannt in den Schoß und beobachten, wie andere in der Freizeit arbeiten. Heute steht nur die Entscheidung an, ob das Matjesfilet nach Hausfrauenart mit Äpfeln und Zwiebeln bestellt wird oder doch lieber die Backkartoffel mit Räucherlachs. Auf jeden Fall gibt es zum Nachtisch ein schönes Glas Grog mit Rum, das nicht nur in der kalten Jahreszeit gut schmeckt. Und der genossene Fisch muss ja auch genug Flüssigkeit zum Schwimmen haben. Interessiert verfolgt der Gast, wie der benachbarte Boots-Kran in wenigen Minuten ein Schiff nach dem anderen aus dem Wasser hebt. Dieser Kran schafft bis zu 20 Tonnen Gewicht, was ungefähr einem kleineren Buckelwal entspricht oder einem Radlader mit Schaufel. Das Unterhaltungsprogramm für den Nachmittag ist im Restaurant zum Yachthafen somit gesichert, und jeder freut sich auf frische Waffeln mit Obst, von denen die Speisekarte sagt, dass die hier besonders gut schmecken. Und damit der Tag so schön bleibt, können sie sogar in Herzform bestellt werden.

TIPP Mit Anmeldung kann man hier auch ein leckeres Frühstücksbuffet genießen.

Restaurant zum Yachthafen, Ringelrodtweg 161, 44579 Castrop-Rauxel, Tel. (0 23 05) 9 47 56 08

ÖPNV: Bus 237 Haltestelle Wewelingstraße

BIERGARTEN
Gaststätte
Zum
Yacht
Yacht
Grill
geöffnet
Bratwurst
Pommes
Eis

Zu Lande und zu Wasser

43 *Die Ruhrschleuse in Duisburg*

An der Ruhrschleuse in Duisburg können problemlos Stunden mit Zuschauen verbracht werden. Diese riesige Kammerschleuse ist 311 Meter lang, 12,80 Meter breit, und Schiffe legen auf dem Weg von oben nach unten rund 7,3 Meter zurück. Von der Länge her ist man den Schleusen auf dem Panamakanal dicht auf den Fersen. Auf der frei zugänglichen Brücke oberhalb der Ruhrschleuse gibt es den besten Ausblick, und es fühlt sich an wie in einer Loge am Wasser. Die Schleusenkammer liegt einem tief zu Füßen, und wenn die Schleusenampel auf Rot schaltet, könnte es auch heißen: Film ab. Bei diesem Lieblingsfilm zeigen die Zaungäste sich beeindruckt von der Geschicklichkeit einer niederländischen Binnenschifferin, die die dicken Leinen so leicht und zielsicher wie ein Lasso über die Festmacher wirft. Dafür gibt es beim Ausfahren ein fröhliches Winken und bewundernde Blicke für die Blumenkästen mit roten Geranien auf dem Dampfer. Neben einem berechnen Ausflügler eifrig, wie viel Wassermassen bei einer einzigen Schleusung bewegt werden. Das sind über 29 Millionen Liter. An allen Tagen herrscht an der Schleuse so viel Andrang, dass die Boote nach Nummern einfahren müssen, die von den Schleusenwärtern vorher über Funk mitgeteilt wurden. Oft geschieht das in den unterschiedlichsten Sprachen. Erst wenn die Ampel auf Grün schaltet, dürfen zuerst die Berufsschiffe starten, danach die Sportboote. Die Frachter füllen fast immer die gesamte Breite der Schleuse aus. Und wenn das haushohe und massive Schiebetor der Ruhrschleuse mit einem ordentlichen Ruck zugeht, heißt es für die kleineren Boote und ihre Kapitäne erst einmal richtig gut festhalten. Der Druck beim Schleusenvorgang ist so stark, dass die Freizeitskipper ganz schön Mühe haben, ihre Schiffe möglichst ruhig zu halten. Da sind stabile Bootshaken und vor allem Ruhe und Geduld gefragt, die nicht immer alle haben. Hier macht das Zuschauen von der Brücke einfach nur Spaß, auch wenn man manchmal etwas grinsen muss.

TIPP Auch die Schleuse in Meiderich besuchen. Von dort aus wird die Ruhrschleuse über Funk gesteuert.

Ruhrschleuse Duisburg, Pontwert 30, 47059 Duisburg
ÖPNV: Bus SEV 9, Haltestelle Albertstraße

Warmbadetag

44 *Das Ebertbad in Oberhausen*

Niemand denkt sofort an ein ehemaliges Schwimmbad, wenn die berühmte Kleinkunstbühne Ebertbad in Oberhausen nahe dem Zentrum der Ruhrgebietsstadt besucht wird. Doch beim Betreten des Gebäudes und Betrachten der Architektur stellen die Kulturgäste sofort fest, dass das ziemlich gut hinkommt. Und wer zudem historische Fotos dieses Bauwerks mit dem Anblick von damals und heute vergleicht, bemerkt sofort, dass in diesem großzügigen und luftigen Haus einfach alles im Fluss ist. Nach der Erbauung gegen Ende des 19. Jahrhunderts kamen die Besucher in erster Linie zur Körperpflege, zum warmen Wannenbaden und auch zum Schwimmen hierher, denn nicht jeder besaß zu Hause ein eigenes Badezimmer. Und schon damals beeindruckte das Ebertbad durch eine helle mehrstöckige Schwimmhalle mit großen Panoramafenstern und kunstvoll verzierten Geländern. Dort, wo damals eifrig die Bahnen geschwommen wurden, genießen die Künstler heute das Bad in der Menge, und dabei fließen auch mal unvorstellbar viele Lachtränen. In den Veranstaltungsraum passen rund 420 Stühle, für die sogar eine Stuhlpatenschaft erworben werden kann. Dann steht ein Messingschild mit dem eigenen Namen auf dem Stuhl, ein kleines Stück vom Glück und somit vom Ebertbad wurde adoptiert. Doch kaum jemanden hält es still auf den Sitzen, wenn hier Comedy und Kabarett vom Feinsten aufgeführt werden. Das gilt auch für die vielen hauseigenen Produktionen. Und natürlich verbinden ganz viele Ruhrpottler mit dem Ebertbad Auftritte von den Missfits aus Oberhausen („… und alles, watte wills, is … Oberhausen“). 1986 wurde dieser ganz besondere Ort unter Denkmalschutz gestellt, und noch immer gibt es viele Hinweise auf die Badestätte von damals. Heute können hier zudem stilvoll Hochzeiten gefeiert werden, und ganz sicher wurde der eine oder andere Brautstrauß schon von einer der Emporen heruntergeworfen, von wo aus man früher auf das Schwimmerbecken herabschaute. Im Ebertbad wird also stets, damals wie heute, im Glück geschwommen.

TIPP Auch das Museum der Deutschen Binnenschifffahrt in Duisburg residiert in einer früheren Badeanstalt.

Ebertbad Oberhausen, Ebertplatz 4, 46045 Oberhausen, Tel. (02 08) 2 05 40 24
www.ebertbad.de

ÖPNV: RE 5 Haltestelle Oberhausen Hauptbahnhof

ebertbad

Die Alleskönnerin

45 *Kleine Hansestadt Dorsten*

Bei dem Wort Hansestadt denkt jeder ja zuerst einmal an Städte wie Hamburg oder Bremen, bei denen der Zusatz H auch zum Autokennzeichen gehört. Sogar eine Stadt wie Buxtehude zählt zum Hansebund, dem sich vor allem Orte in Küstennähe anschließen. Doch kaum jemand weiß, dass auch Dorsten im Mittelalter zu diesem Städtebund gehörte und bis heute noch immer liebevoll als kleine Hansestadt bezeichnet wird. Daher lohnt sich ein Besuch der unterschiedlichen Häfen, Steganlagen und des malerischen Stadtkerns ganz besonders, denn hier trifft man an jeder Ecke auf maritime und interessante Wahrzeichen von damals und heute. Früher war Dorsten durch seine sehr günstige Lage an der Lippe und die Nähe zu Holland ein wichtiger Umschlagplatz für die Schifffahrt. Es gab sogar stadteigene Bootskonstruktionen wie das Flachbodenschiff Dorstener Aak oder den Dorstener Flieger, der wie ein Floß an Leinen von Pferden am Ufer gezogen wurde. Auf diesen historischen Treidelpfaden kann man heute am Wasser entlang sehr gut Rad fahren oder einfach nur spazieren gehen. Dorsten hat sogar eine eigene Schleuse, in deren Nähe sich auch ein Stützpunkt der Wasserschutzpolizei befindet. Und in der Hanse Marina Dorsten direkt bei der Innenstadt gibt es immer an- und ablegende Schiffe und Freizeitkapitäne zu bewundern. Etwas außerhalb des Ortskerns, direkt am Wesel-Datteln-Kanal befindet sich zudem ein fast aristokratischer Sportboothafen mit dem stolzen Namen Fürst Leopold. Der alte Marktplatz im Zentrum von Dorsten erinnert mit seinen vielen Gassen an die mittelalterliche Struktur, und zahlreiche Wall- und Grabenanlagen rund um das Zentrum machen der kleinen Hansestadt alle Ehre. Wer eine richtige Abkühlung sucht, schwimmt ein paar Runden im Erlebnisbad Atlantis. Oder besucht den Segelflugplatz vom Luftsportverein Dorsten, wo man besonders am Wochenende in erster Reihe die Starts und Landungen der kleinen Flieger beobachten kann. In Dorsten ist eben alles möglich – zu Lande, zu Wasser und in der Luft.

TIPP In der Tüshaus-Mühle bei Dorsten wird regelmäßig Brot gebacken.

Marktplatz Dorsten, Markt 12, 46282 Dorsten
www.dorsten.de
ÖPNV: Bus 188, Haltestelle Essener Tor

46 *Das Einrichtungshaus Gooran in Essen*

Die traumhafte Lage für den familiengeführten Einrichtungsladen Gooran in Essen wurde von den Inhabern sorgfältig ausgewählt, denn hier, direkt bei der Promenade am Kettwiger Stausee, gibt es viele denkmalgeschützte Gebäude, und die Ruhr ist in Sichtweite. Auch ist man ganz nah bei der historischen Kettwiger Altstadt. Doch wieder einmal ist es die Nähe zum Wasser, die diesen Ort und die Menschen, die ihn gestalten, so einzigartig macht. Bei Familie Gooran werden auf 6.000 Quadratmetern und in einer großen, luftigen Halle Möbel und Accessoires aus aller Welt angeboten, die man ein Leben lang behalten wird. Oder nach denen man ebenso lange gesucht hat. Direkt am Eingang des Geschäfts wachen ein riesiger Buddha und ein überdimensional großer Gartenstuhl und erinnern daran, dass nun Zeit für Entspannung und Freizeit ist. Man betritt eine zauberhafte Welt von Farben, Formen und Designs. Das Gooransche Motto lautet, dass ein Zuhause ein Tempel ist. Viele Kunden haben zu den Inhabern eine ganz besondere Beziehung und Freundschaft aufgebaut. Die Einkäufer reisen überallhin, um die oft kunterbunten Unikate zu finden. Diese kommen dann auf dem Seeweg nach Deutschland. Die Frachtschiffe schaffen es zwar nicht ganz bis nach Kettwig, aber alle aufwendig gearbeiteten Lieblingsstücke umgibt der Hauch der großen weiten Welt, wie zum Beispiel die Hochzeitsschränke in bunten Farben oder die klassischen Freischwinger-Stühle. Sogar antike Säulen bekommt man hier. Ein Wandtisch trägt den liebevollen Namen Flower Power. Die Waren werden oft in der eigenen Schreinerei filigran umgearbeitet und sind häufig von fernöstlichen Einflüssen geprägt. Im Geschäft wird immer in Ruhe und gemeinsam mit den Kunden geschaut, welches Möbelstück zu wem passt. So musste ein dunkelbrauner, fast schwarzer Esstisch für rund zwölf Personen gar nicht groß umziehen. Er fand sein neues Zuhause in einem historischen Anwesen in Kettwig mit direktem Blick auf die Ruhr. Bei Gooran wird eben nichts dem Zufall überlassen.

TIPP Auch beim Shopping mal Pause machen. Im Laden gibt es eine Kaffee-Lounge.

Gooran, Ringstraße 48, 45219 Essen, Tel. (0 20 54) 12 42 82
www.gooran.com
ÖPNV: S 6, Haltestelle Kettwig

ORAN
GOORAN

Volle Fahrt ins Glück

47 *Eiscafé Plati und Mülheimer Schleuse*

Der Ausflug startet an der Mülheimer Schleuse und mit einem cremigen Vanilleeis auf der Hand. Es stammt vom italienischen Eiscafé Plati direkt nebenan. Von hier oben aus gibt es den besten Blick auf Schleuse und Fluss. Das massive Schleusentor geht auf, und die schicken Sportboote Dolfi, Julina und Vesta fahren ein. Routiniert steuert die Besatzung diese Schönheiten Richtung Schleusenwand und sorgt mit Leinen und Bootshaken dafür, dass die Boote sich während der Schleusung nicht ins Gehege kommen. Noch ein kleiner Schnack mit dem Schleusenwärter, und dann setzt der die Wassermassen per Knopfdruck in Bewegung. Bei diesem faszinierenden Schauspiel wird hochkonzentriert am Eis geschleckt. Die Boote beginnen bei den Wassermassen zu schaukeln, denn da werden große Kräfte freigesetzt und das, welches vorne liegt, hat es am schwersten. Alle fiebern mit. Doch dann ist es geschafft, und die Freizeitkapitäne winken beim Ausfahren so freundlich herauf, dass einem das Herz aufgeht. Als nächstes fährt die Time Out ein mit einem kleinen Bootshund namens Jacky, und der trägt sogar eine Schwimmweste. Das Eis wird natürlich nicht vergessen, schließlich war man schon als Kind hier, denn das Eiscafé Plati gibt es seit 1972. Und das Eis schmeckt so gut wie früher. Die Terrasse des Cafés ist mit der Einfahrt zur Schleuse verbunden. Und wer da eine kleine Treppe zum Anleger runtergeht, trifft oft auf nette Skipper, die auf die Schleusung warten. Die Schleuse ist denkmalgeschützt und war früher für den Kohletransport, als die Schiffe noch von Pferden über den sogenannten Leinpfad gezogen wurden, sehr wichtig. Die Mülheimer Schleusenwärter gehören zu den freundlichsten in Nordrhein-Westfalen und wurden für ihre Arbeit schon ausgezeichnet. Unter ihnen sind auch Wasserbauingenieure, die für Reparaturarbeiten oft sehr tief in die Flüsse steigen. Deshalb würde es keinen wundern, wenn sie an der Mülheimer Schleuse eine Glücksgarantie für einen besonders schönen Tag installiert hätten.

TIPP Direkt auf der Schleuseninsel gibt es am Wasserbahnhof eine Mietradstation.

Schleuseninsel Mülheim, Alte Schleuse 1, 45468 Mülheim
Café Plati, Auf dem Dudel 24, 45468 Mülheim, Tel. (02 08) 3 19 47, www.cafeplati.de
ÖPNV: Diverse Straßenbahnen und Busse bis Haltestelle Mülheim Stadtmitte

Mit allen Wassern gewaschen

48 *Museum Deutsche Binnenschifffahrt in Duisburg*

Das Museum der Deutschen Binnenschifffahrt in Duisburg liegt im Herzen des Binnenhafens direkt am Rhein und im Stadtteil Ruhrort. Es wurde in der heutigen Form 1998 eröffnet und befindet sich in einem ehemaligen Jugendstil-Hallenbad von 1910. Bereits 1927 gab es eine Vorläuferausstellung im Tausendfensterhaus in Duisburg. Der heutige Prachtbau mit roten und weißen Klinkern, eleganten Türmchen und vielen Verzierungen stellt jedes englische Landschloss locker in den Schatten. Hier, im größten deutschen Museum seiner Art, erfahren Besucher alles über die Entstehung der Binnenschifffahrt und wie der oft harte Alltag für die Schiffer und ihre Familien an Land und auf dem Wasser ausgesehen hat. Auf drei offenen Etagen werden Exponate und Schiffszubehör aus allen Epochen ausgestellt. Besonders interessant ist die Lebensgeschichte von Aletta Haniel (1742-1815), die in Ruhrort eine sehr erfolgreiche Unternehmerin für Eisenwaren, Wein und Kohle war und gleichzeitig elf Kinder zur Welt brachte. Sie war emanzipiert, bevor das Wort überhaupt erfunden wurde. Heute ist in Ruhrort eine Schule nach ihr benannt. In den lichtdurchfluteten Räumen der Ausstellung fügt sich ganz viel maritimes Wissen wie zu einem großen Fischernetz zusammen, so weiß der Museumsbesucher nun, dass die Bewohner immer gerne zuerst als Ruhrorter bezeichnet werden und nicht als Duisburger. Es gab auch einen Schimanski-Tatort mit dem Titel Duisburg-Ruhrort. Das Museum besitzt eine eigene historische Flotte, die in unmittelbarer Nähe auf dem Wasser besichtigt werden kann, wie den Eimerkettendampfbagger Minden oder das ehemalige Kranschiff Fendel 147, das als sogenanntes Bunkerboot die Dampfschiffe mit Kohle versorgte. Der hier ebenfalls liegende Radschleppdampfer Oscar Huber, Baujahr 1922, stand kurz vor der Verschrottung und war einer der letzten seiner Art. Jetzt ist der Schlepper das Vorzeigeschiff im Museumshafen. Hier finden sogar Trauungen statt. Seitdem gibt es für Oscar nur noch richtig gute Zeiten.

TIPP Jeden Donnerstag gilt beim Eintrittsgeld: Zahle, was du möchtest.

Museum der Deutschen Binnenschifffahrt, Apostelstraße 84, 47119 Duisburg, Tel. (02 03) 8 08 89 40, www.binnenschifffahrtsmuseum.de

ÖPNV: Bus 907, Haltestelle Binnenschifffahrtsmuseum

MUSEUM DER DEUTSCHEN BINNENSCHIFFFAHRT

Wohngemeinschaft mit See

49 *Die Insel Hengsen in Holzwickede*

Als der Hengsener Stausee im Jahr 1937 zur Wassergewinnung angelegt wurde, war das eine ziemliche Besonderheit und damals bei der Bevölkerung ganz sicher in aller Munde. Doch niemand hätte wahrscheinlich damit gerechnet, dass die eigentliche Attraktion des Gewässers bei Holzwickede erst um 1993 herum entstehen würde und bis heute die meisten Besucher anzieht. Denn mitten im See gibt es die rund 250 Quadratmeter große Insel Hengsen, auf der Kormorane brüten – und das in so großer Zahl, dass gar nicht alle Vögel Platz finden. Das ist ein bisschen so, wie wenn besonders eifrige Touristen ihre Badetücher über die Liegestühle am Pool legen. Und auch bei den Wasservögeln auf der Fläche zwischen Stausee und Ruhr gilt eindeutig das Recht des Stärkeren. Ein solcher Vogel kann ausgewachsen fast vier Kilo wiegen und bis zu 90 Zentimeter groß werden, da gibt es auf einer kleinen Insel bestimmt mal Familienstreit, oder es wird besonders kuschelig. Das Gefieder der Kormorane ist pechschwarz und der Schnabel knallgelb. Sie strahlen Stolz und Anmut aus, wissen inzwischen sicher auch um ihren Marktwert und posieren gerne für das eine oder andere Foto oder Fernglas. Und sie brüten in der ganzen Region fast ausschließlich hier. Naturliebhaber beobachten dieses tolle Naturschauspiel auf der Kormoran-Insel fasziniert vom Ufer aus, denn auf der kleinen Insel existieren sonst nur Steine und Relikte abgestorbener Bäume, doch selbst die strahlen eine mystische Aura aus, wenn die Brutkolonie bestaunt wird. Sie lässt einen nicht so richtig los, und diese Insel muss auch aus Sicht der Tiere einen ganz besonderen Reiz haben, sonst wäre hier sicher nicht so viel los. Vielleicht liegt es daran, dass sich beim Hengsener Stausee auf rund 100 Hektar das verwunschene Naturschutzgebiet Bahnwald befindet, das früher einmal das Gelände eines Güterbahnhofs mit Hochbetrieb zur Tag- und Nachtzeit war. Auf jeden Fall steht fest, dass auf der Kormoran-Insel der Zug längst noch nicht abgefahren ist.

TIPP

Den Besuch unbedingt mit einem Waldspaziergang hier verbinden.

Insel Hengsen, Naturschutzgebiet Bahnwald, 59439 Holzwickede

ÖPNV: Bus 180, Haltestelle Altendorf Schwerter Straße

Lass dich überraschen

50 *BernePark und Betonröhrenhotel in Bottrop*

Die äußerst gespannten Besucher kommen im BernePark in Bottrop an und riechen – nichts. Obwohl, so ganz stimmt das nicht, denn hier duftet es nach Blumen, Gräsern und Sonnenstrahlen, die ja einen ganz eigenen und warmen Geruch haben. Daher mag auch niemand so recht glauben, dass auf diesem Gelände zwischen 1950 und 1997 die Kläranlage Bernemündung stand, wo heute ein ganz zauberhafter Ort inmitten herrlichster Natur angesiedelt ist. Jeder weiß natürlich, dass es im Ruhrgebiet früher nicht überall nach Veilchen roch. Doch wer hätte gedacht, dass im BernePark ein paar Jahrzehnte später im früheren Klärteich Goldfische schwimmen und man ganz verzückt über eine alte Brücke aus möglicherweise sogar Krupp-Stahl geht. Diese trägt den Namen Räumerbrücke und ist direkt beim damaligen Maschinenhaus des Werks angesiedelt, in dem heute ganz vorzüglich gespeist werden kann. Einem weiteren Klärbecken wurde ein zweites Leben geschenkt, von dem es selbst wohl nie zu träumen gewagt hätte. Es wurde in einen kreisrunden Garten verwandelt, der so bunt ist wie eine prachtvolle Blumenvase. Da hatte es das Flüsschen Berne zu Zeiten der Kläranlage schon etwas schwerer und musste – meist unterirdisch – durch viele Rohre fließen, um seinen Dienst zu tun. Es ist ganz wichtig, dass man die Vergangenheit des BerneParks kennt, denn erst dann kann der Besuch in vollen Zügen genossen und Neues entdeckt werden. Wie zum Beispiel das Parkhotel, das auf einer kleinen Anhöhe liegt, von der aus die Übernachtungsgäste den perfekten Ausblick genießen. Wer jedoch Handtuchwärmer und einen Concierge erwartet, der wird enttäuscht sein, doch hier bekommt der Gast in einer ausgedienten Betonröhre eine einzigartige Übernachtungsgelegenheit, sogar mit weichen Matratzen, einer Leselampe, sehr stabiler Zimmertür und ausreichend Luken für das Tageslicht. Doch das Beste kommt bekanntlich immer erst zum Schluss. Der Eintritt in den BernePark ist nämlich frei, und für das Hotel zahlt jeder nur das, was er möchte.

TIPP Im Röhrenhotel unbedingt rechtzeitig vorher reservieren. Es ist sehr begehrt.

BernePark, Ebelstraße 25 a, 46242 Bottrop, Tel. (0 20 41) 3 75 48 40
www.bernepark.de
ÖPNV: Bus 261, Haltestelle Ebelstraße

Wir fahren zu Papa

51 *Griechisches Lokal Papachristos in Waltrop*

Eine beliebte Route bei Sportbootfahrern ist das sogenannte Bermuda Dreieck. Eine Rund-Tour über den Rhein-Herne-Kanal bis auf den Rhein nach Wesel, dann weiter über den Wesel-Datteln-Kanal und den Dortmund-Ems-Kanal. Doch nach jeder Reise geht es verschwörerisch nur darum, ob man beim Papa war. Dieser geheimnisvolle Tipp wird gehütet wie eine wertvolle Schatzkarte. Denn Papachristos ist einer der besten Griechen im ganzen Ruhrgebiet. Und das Lokal in Waltrop liegt neben dem Schiffshebewerk Henrichenburg. In einer stattlichen weißen Villa mit Fachwerk und Türmchen direkt am Rhein-Herne-Kanal. Hier betreibt die Familie Papachristos seit 1995 ihr griechisches Lokal, ein Familienbetrieb wie aus dem Bilderbuch. Der Papa selbst sorgt dafür, dass sich jeder Gast wie im Urlaub fühlt. Es gibt wunderbar authentisches Essen, egal ob in den großen Räumen oder im Biergarten. Die Restaurantgäste wandeln förmlich von einem Teil des Lokals zum nächsten, so viel Platz ist hier. Und doch sind alle Tische zu jeder Essenszeit stets voll besetzt. Denn hier geht niemand hungrig nach Hause, sondern alle erleben, wie glücklich und zufrieden ein herzhaftes griechisches Essen machen kann. Wohlfühlküche mit ganz viel Liebe und wie unter der Sonne Griechenlands zubereitet. Wir hören die Wellen, fühlen den Sand und schwelgen in Urlaubsgedanken. Das Leben ist einfach nur schön. Die Mama verrät, dass sie sofort erkennt, ob die Gäste am Schiffshebewerk oder am Hafen waren. Weil ein Besuch am Wasser immer fröhlich und entspannt macht. Als man nach dem Likörwein Mavrodaphne fragt, ist die Gastwirtin zwar sehr begeistert, weist aber darauf hin, dass der wirklich sehr, sehr süß sei. Genau das möchte man. Nichts kann zu süß, zu schön oder zu viel sein. Alles ist heute ein buntes Meer aus Urlaubserinnerungen und Vorfreude. Und das im Hier und Jetzt in Waltrop. Zum Abschied nimmt einen die Mama in den Arm und fragt noch einmal, ob auch wirklich alles in Ordnung war. So geht Geborgenheit.

TIPP

Nach dem Essen einen gemütlichen Spaziergang um das Hafenbecken machen.

Papachristos, Provinzialstraße 19, 45731 Waltrop, Tel. (0 23 63) 7 21 34
www.restaurant-waltrop.de
ÖPNV: SB 22, Haltestelle Wittener Straße, Datteln

Wir gehen Schiffe gucken

52 *Der Sportboothafen am CentrO Oberhausen*

In Oberhausen gibt es ganz viele Möglichkeiten, die Schifffahrt auf dem Rhein-Herne-Kanal zu beobachten. Doch den Luxusdampfer unter den Ausblicken gibt es in der Heinz-Schleußer-Marina am CentrO in der Neuen Mitte. Seemännisch ausgedrückt, würde es lauten: Der Hafen liegt bei Kilometer 10,7 auf dem RHK. Die einfache Version für Landratten geht aber so: Immer links an den Schiffen vorbei und bis zur Spitze an der Hafeneinfahrt laufen. Und schon fühlt es sich an wie auf der Bugspitze der Titanic, man genießt den perfekten Ausblick auf alle Boote, die vorbeifahren oder die Marina ansteuern. Und für Notfälle hängt genau hier sogar ein Rettungsring, denn sicher ist sicher. Die Marina Oberhausen ist ein luftiger und frei zugänglicher Ort, in dem bis zu sechzig Sportboote Platz finden. Teilweise sind es Festlieger, aber man trifft auch Skipper aus ganz Europa, die auf der Durchreise sind. Das Hafenbecken kann ganz entspannt zu Fuß umrundet werden. Dabei stoßen maritime Besucher auf die vielen Bootsnamen und erfahren, dass Schiffe immer weiblich getauft werden. Es gibt dabei so wohlklingende Namen wie Mala, Marianne oder Marille, und manchmal heißen die Boote ganz geheimnisvoll sogar Pandora, Kerry Blue oder Runa. Sogar eine Lüttje Pütt ist unterwegs, und in Oberhausen lag schon eine Fiorella, was, aus dem Italienischen übersetzt, kleines Blümchen bedeutet. Es soll jedenfalls Unglück bringen, wenn ein Boot umgetauft wird. Wer sicher gehen will, dass dies kein Klönschnack ist, der meldet sich in der Marina Oberhausen direkt beim Hafenmeister für den Sportbootführerschein an. Vom Schulungsraum aus gibt es einen prachtvollen Ausblick auf alle Schiffe im Hafen und am Kanal. Das lässt sich auch wunderbar verbinden mit einem Besuch beim benachbarten Gasometer oder dem Sealife, das direkt neben dem Hafen ist. Hier sind exotische und einheimische Fische zu bestaunen. Oder, und das ist noch viel schöner, das Fernglas wird noch einmal geschnappt, und es geht erneut zum Titanic-Ausblick.

TIPP Direkt an der Marina ist das Freizeitbad Aquapark.

Heinz-Schleußer-Marina, Zum Aquarium 2, 46047 Oberhausen
www.marina-oberhausen.de

ÖPNV: Diverse Straßenbahnen oder Busse bis Haltestelle Neue Mitte

ELISE
PAPENBURG

Frühling und sein blaues Band

53 *Der Wasserbahnhof in Mülheim*

Voller Vorfreude hält man einen Moment inne an diesem frühen Morgen auf der Schleuseninsel in Mülheim direkt an der Ruhr. Es geht darum, sich ganz sicher zu sein. Die Augen sind geschlossen, und die klare Luft duftet schon leicht blumig. Die Sonne ist noch ein bisschen schüchtern, doch sie strahlt schon jetzt den Wasserbahnhof so kunstvoll an, als wäre der runde Bau mit dem spitzen Dach eine historische Filmkulisse. Der Springbrunnen mit den Seelöwen sprudelt vertraut, und die Pflanzen der Blumenuhr leuchten schon jetzt in bunten Farben. Nun bitte noch einmal tief durchatmen, und es steht fest – der Frühling ist da. An kaum einem Ort in der Region werden die Jahreszeiten so intensiv erlebt wie am Wasserbahnhof, der bereits 1927 erbaut wurde. Er ist das Herz und die Seele von Mülheim und fehlt in keinem Fotoalbum – und das seit Generationen. Hier am Wasserbahnhof sieht man stets strahlende Bräute und glückliche Familien. Besonders der Anleger der Weißen Flotte ist ein beliebtes Fotomotiv. Heute befindet sich hier das Restaurant Franky's, das auf drei Etagen und zu allen Jahreszeiten köstliches Essen serviert und Feiern ausrichtet. Nicht zu verwechseln mit Franky's Ruhrkristall, denn dieses Lokal liegt weiter flussabwärts. Im Wasserbahnhof gibt es einen wunderschönen und runden Festsaal mit perfektem Ausblick und Außenbereich. Hier wird beim amerikanischen Sonntags-Brunch gemeinschaftlich ein knuspriger Truthahn angeschnitten, von dem selten etwas übrig bleibt. Es gibt auch einen blauen Salon, mehrere Cocktail-Bars und ein Bistro. Im Winter wird die Schiffsweihnacht gefeiert, dann werden die Dampfer der Weißen Flotte zum Weihnachtsmarkt. Im Untergeschoss vom Franky's befindet sich zudem ein urgemütlicher Biergarten, der besonders bei Radfahrern beliebt ist, denn die Schleuseninsel ist Treffpunkt für den Fahrradfrühling, der mit einer gemeinsamen Fahrradtour startet. Denn auch die Radler haben gehört, dass am Wasserbahnhof der Frühling am schönsten ist.

TIPP Gute Hausmannskost an Land: Zum alten Bahnhof, Hauskampstraße 14, 45476 Mülheim, Tel. (02 08) 40 06 71

Wasserbahnhof/Franky's, Alte Schleuse 1, 45468 Mülheim, Tel. (02 08) 38 82 96 34
www.frankys.tv

ÖPNV: Diverse Straßenbahnen und Busse bis Haltestelle Mülheim Stadtmitte

Wasserbahnhof

Drunter & drüber

54 *Wasserkreuz Castrop-Rauxel und Emscherinsel*

Im hohen Norden des Ruhrgebiets in Castrop-Rauxel im Ortsteil Henrichenburg kreuzt der Fluss Emscher den Rhein-Herne-Kanal und fließt mittels eines Durchlasses unter dem Kanal her. Das ist tatsächlich technisch möglich, und diese Konstruktion nennt man eine Wasserlaufkreuzung. Das Wasserkreuz Castrop-Rauxel ist das größte seiner Art im ganzen Emschergebiet. Zu finden ist dieses aufwendige und technisch hochkomplizierte Gebilde bei Kanalkilometer 42,605 (RHK), und man kommt bei einem Besuch aus dem Staunen nicht mehr heraus. Denn hier erlebt man, dass ein Fluss und ein Kanal sehr harmonisch zusammen existieren, der eine oben, der andere unten, und dadurch sind sie praktisch unzertrennlich geworden. Wer hätte früher gedacht, dass so etwas einmal möglich sein würde? Bereits um 1890 herum wurde eine erste Vorläufer-Konstruktion für ein solches Durchlassbauwerk geschaffen. Weitere und nicht immer erfolgreiche Versuche folgten, bis dieser sogenannte dritte Emscher-Durchlass mit dem Wasserkreuz Castrop-Rauxel 2012 in Betrieb genommen wurde. Es ist also was dran mit allen guten Dingen und der Zahl Drei. Wer noch mehr Außergewöhnliches in dieser Gegend erleben und erkunden möchte, der begibt sich auf eine Inseltour im neuen Emschertal. Dazu muss wirklich niemand reif für die Insel sein, denn die Emscherinsel lässt sich prima an einem Nachmittag erkunden. Sie wird vom Rhein-Herne-Kanal und der Emscher umrundet und erstreckt sich zwischen Oberhausen und Castrop-Rauxel. An den schmalsten Stellen ist das Eiland nur knapp 30 Meter breit, dann weitet es sich auch mal auf die stolze Breite von zwei Kilometern aus. Vor Ort hilft ein sehr leicht verständliches Leitsystem, sich zu Fuß oder mit dem Fahrrad zurechtzufinden. So haben Ausflügler die Garantie, wirklich keine Sehenswürdigkeit am Wegesrand zu verpassen. Bitte nicht vergessen, eine Picknickdecke mitzunehmen. Und da man ja weiß, wo sich die Emscher in Castrop-Rauxel versteckt, ist man ohnehin doppelt gut vorbereitet.

TIPP Auch der flussnahe Radfernweg Wasser-Route lohnt sich.

Wasserkreuz Castrop-Rauxel, in der Nähe von Zum Düker, 44579 Castrop-Rauxel
ÖPNV: Bus 233, Haltestelle Wartburg, dann Fußweg

55 *Der Minigolfplatz Kattenturm in Essen*

Viele der schönsten Golfplätze der Welt liegen nicht ohne Grund am Wasser. Das hat stets etwas Beruhigendes und sorgt für gute Schwingungen, so auch beim Minigolfplatz Kattenturm im Essener Süden, der direkt am Ruhrufer angesiedelt ist. Dieser grasgrüne 18-Loch-Platz ist so gepflegt, als würde er jeden Morgen frisch mit der Nagelschere getrimmt. Vielleicht liegt es am Morgennebel auf der Ruhr, der die Anlage auf natürliche Weise wässert. Die Bahnen wecken jedenfalls sofort den Ehrgeiz der Spieler, und jedes Ergebnis wird auf einer kleinen Karte notiert. Rasch vergessen die Spieler, dass es sich um einen Golfplatz im Miniatur-Format handelt, denn, wie jeder weiß, machen doch immer die kleinen Dinge am glücklichsten. Und so fühlen die Gäste sich hier am Sonntag wie in den Südstaaten der USA, wenn es im Garten des dazugehörigen Lokals Kattenturm Jazz-Live-Musik gibt. Der Schläger schwingt zu New Orleans Hotjazz oder Dixiland-Swing. Da macht auch ein missglückter Schlag nichts aus, und die Spieler arbeiten sich vor zur nächsten Bahn und hoffen auf den Lebenstraum eines jeden Golfers: ein Hole-in-one. Dabei wird der Ball vom Abschlag aus direkt eingelocht. In der Realität passiert das äußert selten, am Minigolfplatz Kattenturm durchaus öfter. Schließlich trifft hier blaues und grünes Glück zusammen. Wenn man übrigens auf dem Minigolfplatz steht und auf die Ruhr blickt, dann verläuft diese in Richtung Mülheim Ruhr zu Tal (stromabwärts) und in Richtung Essen-Kettwig zu Berg (stromaufwärts). Wer mag, macht danach auf den vielen Bänken unter hohen Bäumen eine Pause und beobachtet voller Neugier die anderen Freizeit-Golfer. Jeder erlebt hier bei den Hindernissen seine persönliche Berg- und Talfahrt. Eben war der Ball schon im Loch, doch dann hüpfte er ganz keck wieder heraus. Umso schöner, dass es hier um nichts geht, sondern nur darum, richtig viel Spaß im Grünen und direkt am Wasser zu haben. Und die Enten haben sich längst an die Menschen mit den kleinen Bällen gewöhnt.

TIPP Ganz nah ist die Ruine Kattenturm, die aus Ruhrsandstein gebaut wurde und zur Burg Luttelnau gehörte.

Minigolf Kattenturm, Am Kattenturm 12, 45219 Essen, Tel. (0 20 54) 8 33 60
www.restaurantkattenturm.de/minigolf.html
ÖPNV: Bus 190, Haltestelle Kattenturm

Schön wie ein Gemälde

56 *Der Thyssen-Teich in Mülheim*

Der Park der Thyssen-Villa in Mülheim wird durch ein großes Tor betreten, und Spaziergänger entdecken eine verborgene Welt am Fluss, wo die Natur das Sagen hat. Hier stehen Pflanzen und Bäume, wie sie sonst nur aus botanischen Büchern bekannt sind. Dazu gehören mächtige Kastanien, die ein ganz dichtes Dach bilden. Doch das Herzstück der Gartenanlage ist ein naturbelassener See, der sich über die ganze Länge des Parks erstreckt. In Mülheim heißt er der Thyssen-Teich. Doch hier ruht kein stiller See. Denn ab 1889 wurde die majestätische Villa Josef Thyssen direkt beim Teich errichtet und als Wohnhaus der Familie Thyssen genutzt. Und so entstand dieses einzigartige Garten-Paradies, welches zu den schönsten Orten der sympathischen Stadt an der Ruhr zählt. Diesen liebevollen Zusatz nutzen die Mülheimer gerne und sind sich relativ sicher, dass der Thyssen-Teich deutlich älter als die Villa ist und einst als wichtiges Wasserreservoir für die Baumwollspinnerei Troost diente, welche 1791 an der Ruhr errichtet wurde. Noch heute sieht man hier die stattlichen Grundmauern des alten Firmensitzes im Tudor-Stil. Die Großeltern haben berichtet, dass früher auf der angrenzenden Ruhr oft Schlittschuh gelaufen wurde und der Thyssen-Teich dabei immer ein ganz besonderer Ort war. Er ist daher auch eines der beliebtesten Fotomotive der Stadt, denn hier befindet sich ein einzigartiges Biotop, wo Enten, Schwäne und seltene Vögel nisten. Im Spätsommer liegen auf den Uferwiesen die prachtvollsten Kastanien der ganzen Stadt. Oft reichen die mitgebrachten Beutel für die Berge gar nicht aus. Der Eintritt in den Park ist übrigens kostenlos, und in den ganz frühen Morgenstunden gibt es nichts Schöneres, als, vom Leinpfad kommend, einen kleinen Abstecher durch den Thyssen-Park zu machen. Wer dabei auf einer der Bänke Platz nimmt, kann den morgendlichen Nebel beobachten und dem Treiben am Teich zuschauen. Die Uhr dabei am besten zu Hause lassen, denn dem Glücklichen schlägt ja bekanntlich keine Stunde.

TIPP **Direkt hier am Leinpfad gibt es das wohl einzige Büdchen, das einen eigenen Bootsanleger hat.**

Thyssen-Teich und Park, Zugang über den Leinpfad am Luisental, 45468 Mülheim, die Villa kann nicht besichtigt werden.

ÖPNV: Straßenbahn 104, Haltestelle Trooststraße

Ganz viel frische Fische

57 *Das Fischlokal Walsumer Hof in Duisburg*

Es passiert öfter, dass Gäste, die schon einmal den Walsumer Hof in Duisburg Alt-Walsum besucht haben, nicht auf Anhieb den Namen des urgemütlichen Gasthauses wissen. Bis nach Köln oder Düsseldorf verbreitet sich die Kunde von diesem unglaublich tollen Fischrestaurant direkt am Rhein. Alle Beteiligten sind sich dabei einig, dass es nirgendwo im Ruhrgebiet besseren und frischeren Fisch gibt als in diesem Familienlokal, das inzwischen in achter Generation betrieben wird. Hier gibt es zwar ganz viel vom berühmten Klönschnack, aber keinen Schnickschnack, und diese Bodenständigkeit macht das Restaurant so besonders herzlich und liebenswert. Wer im Garten speisen möchte, kommt einfach ohne Reservierung vorbei. Gegessen wird in zwei Schichten: einmal zwischen 16:30 und 20:00 Uhr und dann wieder zwischen 20 und 22 Uhr. Und niemand hat etwas dagegen, wenn man einfach sitzen bleibt und die köstlichsten aller heimischen Fischspezialitäten auch in zweiter Runde genießt. Ohnehin kann sich kaum jemand von diesem herrlich rustikalen und maritimen Innenbereich des Walsumer Hofs trennen. Und dass hier alles so richtig gut im Fluss ist, beweist Familie Langhoff mit Kreationen wie Niederrheinische Zuchtkarpfenfilets, einer großen Portion Flussaal oder dem Gericht Muscheln Seekiste, das mit Sahne und Schwarzbrot serviert wird. Und als kleinen Knicks an den Norden findet man auch ein Schollenfilet mit Namen Finkenwerder Art auf der Speisekarte. Hier geht keiner hungrig nach Hause, und wer wirklich gar keinen Fisch mag, bestellt einen herzhaften Speckpfannkuchen oder ein saftiges Rumpsteak. Die Anreise zum Lokal kann sogar mit der Auto-Rheinfähre „Walsum-Orsoy“ stattfinden oder mit dem Boot. Autorin und Fotograf dieses Buches mussten einmal bei einem schweren Unwetter mit ihrem Schiff Schutz im Hafen von Walsum suchen und stellten dabei fest, dass man zum Walsumer Hof nur einmal kurz den Deich rauf muss und es im Gasthaus besonders schön warm und trocken ist. Nie wieder hat ein Fisch besser geschmeckt.

TIPP Unbedingt die Ahnentafel der Familie Langhoff anschauen.

Walsumer Hof, Rheinstraße 16, 47179 Duisburg Alt-Walsum, Tel. (02 03) 49 14 54
www.walsumerhof.de, www.rheinfaehre-walsum.de
ÖPNV: Bus 919 bis Haltestelle Königstraße

Der blaue Park

58 *Die Gewässer im Kaisergarten in Oberhausen*

Bei einem Besuch von Schloss Oberhausen und seinem englischen Schlosspark, dem Kaisergarten, ist stets das Wasser ganz in der Nähe. Denn die Architektur des Parks und des rosafarbenen Schlosses ist so gestaltet, dass das Grün und die vielen Wasserflächen immer fließend ineinander übergehen. Ab 1804 wurden die ehemals fürstliche Residenz und die kunstvolle historische Gartenanlage errichtet. Auf den Mauern des Herrensitzes Overhusa, der später als Namenspatron für die Stadt diente. Vom prachtvollen Schloss aus sind es nur wenige Schritte bis zum Ufer des Rhein-Herne-Kanals. Hier laden große Holzsessel zum Verweilen ein, während man Radfahrer und Fußgänger auf der bunten Brückenskulptur Slinky Springs to Fame beobachten kann. Wer von dort aus weiter in den immer dichter werdenden Park geht, trifft auf unzählige Teiche und Bäche, die das Wäldchen des Tiergeheges umgeben. Dieses wurde bereits 1925 errichtet, und hier leben seitdem hauptsächlich einheimische Tiere wie Moorschnucken, Hirsche und Bentheimer Schafe. Besucher fühlen sich bei diesem Spaziergang wie in eine längst vergangene Zeit versetzt und überqueren alte Holzbrücken, die romantisch mit Moos bewachsen sind. Das Wasser der Teiche schimmert dunkelgrün, und viele der Bäume sind komplett mit Efeu bewachsen. Der schönste Teil des Kaisergartens ist jedoch eine Lichtung, in deren Mitte ein imposanter glasklarer See liegt. Er wird umrundet von Trauerweiden und Kastanienbäumen, viel Schilf umgibt sein Ufer, und in der Mitte sprudelt eine haushohe, kräftige Wasserfontäne. Zu Beginn des letzten Jahrhunderts gab es hier eine sogenannte Kahnstation, wo die Oberhausener mit kleinen Holzbooten die Gewässer erkunden konnten. Schon damals war das Areal ein beliebter Treffpunkt für Sonntagsausflüge und ist es bis heute geblieben. Nur hieß es damals noch Partie im Kaisergarten, die Damen schritten mit eleganten Hüten und langem Rock über die Wege, und die Kinder trugen Matrosenanzüge. Doch das Gefühl von Heimat ist immer zeitlos.

TIPP

Gute Nachrichten: Der Eintritt in das Tiergehege ist kostenlos.

Schloss Oberhausen und Kaisergarten, Am Kaisergarten 46, 46049 Oberhausen
www.ruhr-tourismus.de

ÖPNV: Bus 956, Haltestelle TZU

Ein sommerliches Hoch

59 *Die Cranger Kirmes in Herne*

Vor den Schleusenwärtern im Ruhrgebiet, die oft rund um die Uhr und immer unter Hochdruck den Schiffsverkehr abwickeln müssen, hat jeder Respekt. Sie üben diesen Beruf so konzentriert aus wie ein Fluglotse und mit großer Verantwortung. Kurz gesagt, tauschen möchte niemand mit ihnen, außer an zehn Tagen im August, und zwar mit den Mitarbeitern der Schleuse in Wanne-Eickel im Ortsteil Crange, direkt am Rhein-Herne-Kanal gelegen. Denn genau hier findet die Cranger Kirmes statt, die eines der größten Volksfeste in Deutschland ist. Dieser einzigartige Rummelplatz liegt so nah am Kanal, dass Kirmesbesucher den Schleusenwärtern fast einen knallroten und knackigen Paradiesapfel hinüberreichen können. Und die fröhliche Geräuschkulisse vom Rummel ist bis tief in die Schleusenkammer zu hören, inklusive Echo. So haben alle noch länger was vom tollen Sommergefühl aus den Festzelten. Über 500 Schausteller schlagen einmal im Jahr ihre Zelte auf dem ehemaligen Gelände der Zeche Unser Fritz auf. Die Wurzeln des Volksfestes gehen zurück bis ins 15. Jahrhundert, wo die Cranger Kirmes noch ein Pferdemarkt war. Heute gibt es sogar eigene Kirmesarchitekten, die im Vorfeld dafür sorgen, dass bei rund vier Millionen Besuchern alles nach Plan läuft. Denn Crange ist eigentlich ein eher ruhiger Stadtteil, doch die Vorbereitungen für die Kirmes erleben Anwohner das ganze Jahr über und ganz besonders die unglaubliche Vorfreude der Besucher. So gibt es jedes Jahr ein neues Kirmesmaskottchen in Form einer Anstecknadel, wie zum Beispiel ein kleines Grubenpferd, das mit einem Segelboot grinsend durch die Gegend schippert. Auf der Cranger Kirmes ticken die Uhren einfach herrlich anders, und hier kann jeder so sein, wie er will. Dazu gehört auch eine Tour mit dem Ausflugsdampfer Weiße Flotte Baldeney, bei der es einfach den besten Blick auf das Feuerwerk auf dem Rummelplatz gibt. Danach kommen immer viele Anfragen, ob die Schleusenwärter im nächsten August nicht eine Urlaubsvertretung suchen.

TIPP

Weiße Flotte Baldeney, www.kanalschiff.de, www.baldeneysee.com

Cranger Kirmesgelände, An der Cranger Kirche, 44653 Herne
www.cranger-kirmes.de, www.stadtmarketing-herne.de
ÖPNV: Kirmeslinie Bus 322

Wo zwei Kanäle sich küssen

60 *Der Loreley-Felsen in Waltrop*

Eigentlich ist Waltrop eher eine kleinere Stadt mit knapp 30.000 Einwohnern, die zum Kreis Recklinghausen gehört. Doch nur wenige Orte im Ruhrgebiet sind so üppig von Wasser umgeben und besitzen so viele wasserbauliche Kulturdenkmäler wie Waltrop. Hier gibt es gleich mehrere Schleusen und Schiffshebewerke aus unterschiedlichen Jahrhunderten, eines der größten Schiffsmuseen in Deutschland, ganz viele Kanalinseln, zahlreiche Bootsclubs und die direkte Anbindung an den Rhein-Herne-Kanal und den Dortmund-Ems-Kanal. Und ganz genau an der Stelle, wo diese beiden Kanäle fließend ineinander übergehen, befindet sich auf einer Anhöhe am Ufer einer der besten Ausblicke der Stadt und vielleicht sogar in der gesamten Region. Dieses ganz besondere Mini-Fleckchen Ruhrgebiet macht eine leichte Biegung, ist gut geschützt von alten Bäumen und gelegen an der Einfahrt zum alten Schiffshebewerk Henrichenburg. Nun bitte einmal kurz sammeln und dann über diesen einmaligen Ausblick staunen. Die zahlreichen Sportboothäfen liegen einem zu Füßen, und der Ausflugsdampfer Santa Monika III hat gerade abgelegt, während die Berufsschiffe in beiden Kanalrichtungen gleichmäßig ihre Bahnen ziehen. Im Dunkeln bekommt dieser maritime Lieblingsplatz noch einmal eine ganz besondere Anmutung, wenn das Schiffshebewerk in bunten Farben angestrahlt wird und die Schiffe die grünen, roten und weißen Positionslichter eingeschaltet haben. Dann kann man fast von einer Schiffsweihnacht mit garantiertem Gänsehautmoment sprechen. Und wie von Zauberhand aufgestellt, steht ganz genau hier auf dieser Anhöhe eine Bank, die fast immer frei ist oder wo ganz besonders nette Leute sitzen, die gerne zur Seite rutschen. Jetzt bitte Platz nehmen, den Kopf ganz leicht nach rechts drehen und dabei runter auf den Strom schauen. Dann fühlt man sich wie die Loreley höchstpersönlich, wenn sie auf ihrem hohen Felsen thront. Doch natürlich hat die Waltroper-Loreley nur die allerbesten Absichten für die vorbeifahrenden Schiffsleute.

TIPP **Unbedingt die Schifferkirche in Datteln besuchen, Provinzialstraße 14-16, 45711 Datteln.**

Lorely-Felsen, Zugang am besten über das alte Schiffshebewerk, Am Hebewerk 26, 45731 Waltrop-Henrichenburg

ÖPNV: SB 22, Haltestelle Wittener Straße, Datteln

DORTMUND - EMS - KANAL
KM 15.5

Die Schönste vom Rhein

61 *Das Fahrgastschiff River Lady in Wesel*

Die Schönheit des Ausflugsdampfers River Lady in Wesel sticht einfach jedem ins Auge. Und man vergisst sehr schnell, dass dieser Mississippi-Dampfer seine Fahrten nicht im Süden der USA startet, sondern von der Rheinpromenade in Wesel aus. Die elegante Lady des Flusses, gebaut nach originalen Bauplänen eines Schaufelraddampfers, fährt seit den Siebzigerjahren ihre Touren. Ganz besonders stolz sind die Eigner auf das sogenannte Paddle Wheel, das rote Schaufelrad, das täuschend echt aussieht. Hier trifft man auf eine Southern Belle, eine echte Südstaatenschönheit, die ein ganz großes Herz für alle Passagiere hat. Bis zu 250 Fahrgäste finden auf dem Schiff Platz, wenn es heißt „Leinen los!" und die Ausflüge nach Wesel, Xanten und sogar in die Niederlande starten. Auch Nikolaus- und Brunch-Fahrten finden statt, ebenso wie Abendfahrten und Touren zum Ruhrorter Hafenfest oder zum Feuerwerk in Düsseldorf. Und wer ein Familienfest im kleinen Kreis feiern möchte, der mietet den Kapitäns-Salon während einer Linien-Fahrt. Bunte Flaggen am ganzen Schiff wehen dabei fröhlich im Wind. Die River Lady ist eines jener Mädchen, die zwar unglaublich gut aussehen, aber nicht zerbrechlich sind und ganz schön was aushalten. Das liegt daran, dass sie mit 10,75 Metern Höhe fast alles und jeden überragt und 500 PS besitzt. Und mit 38,6 Metern Länge und 9,23 Metern Breite ist sie auf jeden Fall kein Hungerhaken, denn im Süden liebt man ja bekanntlich deftige Hausmannskost und lebt nicht nur von Salatblättern. Als die Grande Dame kürzlich vor Saison-Beginn in der Meidericher Schiffswerft eine kleine Schönheitskur bekam, war das auch dort ein ganz besonderes Ereignis. Denn eine echte Lady ist nicht jeden Tag zu Besuch, und alle gaben sich große Mühe. Als sie auf der Helling-Anlage behutsam wieder ins Wasser gelassen wurde, unterbrachen sogar andere Boote die Fahrt, um die River Lady zu bewundern. Sie kennt das natürlich und freut sich, dass sie noch immer auf der richtigen Wellenlänge schwimmt.

TIPP Unbedingt die Häfen und Restaurants bei der Promenade besuchen.

River Lady, Rheinpromenade, 46487 Wesel, Tel. (02 81) 8 24 22
www.river-lady.de
ÖPNV: Bus 64, Haltestelle Rathaus Wesel

www.river-lady.de JRC
RIVER LADY
Warsteiner
Frankenheim Alt
Genehmigung Nr.122(88)
Halt!
Unbefugtes Betreten / Anlegen
VERBOTEN
max. Belastung: 30 Pers.

Kapitänsdinner

62 *Das Restaurant Bootshaus in Mülheim*

Im Lokal Bootshaus in Mülheim an der Ruhr empfangen einen schon im Eingangsbereich die vielen Medaillen, die seit Jahrzehnten von der Mülheimer Ruder Gesellschaft (MRG) gewonnen wurden. Das liebevoll maritim gestaltete Restaurant und die Mülheimer Ruder Gesellschaft teilen sich dasselbe Zuhause direkt an der Ruhr – ein gemütliches, weißes Bootshaus, in dem man im Obergeschoss köstlich auf einer Terrasse speist und dabei auf die glitzernde Ruhr schaut. Von dort aus gibt es den besten Blick auf die Ruderer, die ihre Boote im Untergeschoss des Bootshauses für das Training vorbereiten. Das geschieht oft auf Bundesliga-Niveau, und die kraftvollen Sportlerinnen und Sportler werden bewundert, wenn sie unermüdlich ihre Bahnen ziehen. Doch es ist genauso schön, im hauseigenen Restaurant einen goldgelben Speckpfannkuchen zu genießen oder ein Rumpsteak, das genau auf den Punkt gebraten ist. In dieser maritimen Oase erfüllt sich wirklich jeder Gästewunsch. So werden herzhafte Suppen mit frischem Weißbrot serviert oder Schnitzel, die so zart sind wie Marzipan. Jedes Gericht ist köstlich und wird ganz frisch und fast vor den Augen des Gastes zubereitet, denn die Küche grenzt direkt an den Speiseraum. Die Besucher hören voller Vorfreude dem Zischen beim Braten und dem Klappern der Töpfe zu. So geht ein fröhliches Kapitänsdinner! Auf der gemütlichen Eckbank am Stammtisch planen die Mitglieder des Rudervereins die nächste Regatta. Dann wird das gemeinschaftliche Bootshaus zum Treffpunkt für Vereine aus ganz Deutschland. Man genießt und rudert quasi Tür an Tür, und der Fluss ist für ein Wochenende eine anspruchsvolle Rennstrecke. Auch ein Spielfilm wurde auf dem Anwesen schon gedreht. Und direkt vorm Lokal hat eine waschechte Gondel ihren Liegeplatz. Der Besitzer sticht mit ihr regelmäßig in See und trägt dabei stilvoll das rote Ringelshirt und den Strohhut eines Gondolieres. Im und um das Bootshaus herum fühlt sich alles an wie im komplett richtigen Film.

TIPP Auch im Winter kann man im Restaurant Bootshaus sehr gut essen und feiern.

Bootshaus, Mendener Straße 74, 45470 Mülheim/Ruhr, Tel. (02 08) 37 45 29
www.bootshausmuelheim.de, www.muelheimer-rg.de
ÖPNV: Bus 151, Haltestelle Mendener Brücke

Mülheimer Ruder-Gesellschaft

Mit dem Herzen vor Anker

63 *Hafenmomente in Duisburg*

Schon Grundschüler lernen, dass der Duisburger Binnenhafen der größte in Europa ist – mit einer Wasserfläche von 180 Hektar, einem 40 Kilometer langen Ufer und 21 Hafenbecken. Doch man entdeckt ständig Neues, ganz persönliche Glücksorte, die Heimathafen für Herz und Seele sind und wo jeder liebend gerne seinen Anker auswirft. So gibt es keinen besseren Ort, um den Sonnenuntergang im Hafen zu beobachten als auf der Schlickstraße in Duisburg-Meiderich – am Ende bei den Bahngleisen, wo kaum noch Autos fahren, und mit feinstem Panoramablick auf Kräne, Werften und Containerschiffe. Hier verläuft auch die A 59, und ganz in der Nähe stand bis 1994 das berühmte Gebäude, das wie eine Milchtüte bemalt war. Hier gibt es Geräusche, wie sie nur in einem Hafen erklingen. Schläge auf Metall oder das Abladen einer Kiesladung von einem Frachtschiff. In Laufweite befindet sich die Evangelische Kirche Mittelmeiderich (Auf dem Damm 6), die zum Schutz vor Hochwasser auf einer Anhöhe gebaut wurde und zu den schönsten und ältesten Gotteshäusern in Duisburg gehört. Der Kirchturm wurde bereits 1502 errichtet. Auch die ehemalige Schifferbörse (Gustav-Sander-Platz 1) in Ruhrort kann viel erzählen. Im vorletzten Jahrhundert wurden dort noch Geschäfte für die Schifffahrt geschlossen. Heute genießen Promenadenbesucher am besten auf einer Bank die Aussicht auf die Flusskreuzfahrtschiffe. Direkt an der Schifferbörse ist auch ein marineblauer Dampfdrehkran aus dem Jahre 1897 zu bestaunen. Von dort ist es nur ein kurzer Spaziergang zum Tausendfensterhaus (Ruhrorter Str. 187), das um 1922 der Hauptsitz der Rheinischen Stahlwerke war. Auch über dem ehemaligen Holzhafen (Portsmouth Damm) am Innenhafen schwebt noch der Glanz vergangener Zeiten. Ab 1889 wurde in dem großen Becken Holz schwimmend auf dem Wasser gelagert. Heute wenden dort Schiffe, und das kann gut von einer kreisrunden Stufenpromenade aus beobachtet werden. Überall ist einfach Platz genug, um den ganz persönlichen Herzensanker auszuwerfen.

TIPP
Eine Hafenrundfahrt kann man auch mit dem Fahrrad machen.

Hafen Duisburg-Meiderich
www.meidericherschiffswerft.de
ÖPNV: Start mit STR 903, Haltestelle Auf dem Damm, Duisburg

Am Brunnen …

64 *Der Telgmann Brunnen in Kamen*

Beim Marktplatz von Kamen steht der Telgmann Brunnen, der auch den poetischen Beinamen Die Quelle trägt. Man muss sich diesem Kunstwerk von Goldschmied und Künstler Gregor A. Telgmann Stück für Stück annähern, um seine ganze Perfektion und Lebensnähe komplett zu erfassen. Danach fühlen sich besonders Touristen richtig verbunden mit diesem Brunnen mitten in der Innenstadt. Zuerst geht es kleine Stufen hinauf, um den wohl einzigen Brunnen zu erreichen, der komplett betreten werden kann, und das ist unbedingt erwünscht. Er ist wie eine Insel konstruiert, auf der ganz viele spannende und vor allem gastfreundliche Bewohner leben. Das war von Anfang an das Ziel, denn die sechs Objektgruppen aus Bronze sind zum einen beweglich, zum anderen stehen sie für die wichtigsten Säulen der Stadt Kamen. Die Figurengebilde des Telgmann Brunnens symbolisieren die Urquelle, die Technik, die Kunst, die Wissenschaft, das Handwerk sowie Sport und Spiel. Und das machen sie richtig gut, sodass alle Bewohner und Besucher immer ganz besonders gerne hierherkommen. Dies ist kein Brunnen, der allein vor den Toren einer Stadt steht, sondern er lädt jeden zum aktiven Berühren der Gebilde ein und ganz besonders die Kinder zum Spielen. Es heißt oft, dass der Telgmann Brunnen immer mit den Füßen in der Musik ist und für gute Stimmung sorgt. Sogar nachts, denn dann ist er angestrahlt und verändert sein Erscheinungsbild noch einmal komplett. Und beim Brunnenfest ist der Telgmann Brunnen ohnehin der strahlende oder besser gesagt fließende Mittelpunkt – und das seit seiner Einweihung 1993. Noch immer bestaunt man die unglaublich fein gearbeiteten Konturen von zum Beispiel einem großen Bücherstapel, neben dem Schriftrollen stehen. Eine lebensgroße Figur sitzt an einer Staffelei, und die runden Sitzgelegenheiten daneben laden förmlich dazu ein, ihr beim Malen über die Schulter zu schauen. Und wer ein bisschen bleibt, wird erleben, wie sich nach und nach alle Sitzgelegenheiten des Brunnens füllen.

TIPP

Auch in Kamen gibt es einen schiefen Turm, und der gehört zur Pauluskirche.

Telgmann Brunnen, Markt, 59174 Kamen
www.stadt-kamen.de
ÖPNV: Bus C 21, Haltestelle Markt Kamen

Ein Tag am See

65 *Der Hengsteysee in Dortmund*

Ein Ausflug zum Hengsteysee bei Dortmund ist ganz besonders bei Schulklassen beliebt. Zum einen weil sich hier an einem der sechs Ruhrstauseen die Natur des Ruhrgebietes von ihrer wundervollsten und tiefblauen Seite zeigt. Zum andern weil auch die Lehrer immer wieder gerne hierherkommen, und das in einem langen Lehrerleben sicher mehr als einmal. Denn es gibt diesen einzigartigen Ausblick von der Ruine der Hohensyburg aus, an dem Ausflügler sich auch nach Jahrzehnten nicht sattsehen können. Wahrscheinlich auch nach Jahrhunderten nicht, denn die Hohensyburg wurde in Teilen bereits im frühen Mittelalter errichtet. Denn hier gehen Ruhr und Lenne ineinander über und bilden einen langen, spektakulären Linksbogen. Die Gegend mit dem atemberaubenden Ausblick kann mit dem Loreley-Rheintal locker mithalten und liegt in direkter Nachbarschaft zu den Städten Hagen, Herdecke und eben Dortmund. Für einen perfekten Wandertag hat man es also nicht weit und staunt wieder einmal darüber, wie außergewöhnlich das Ruhrgebiet doch ist, vor allem der Hengsteysee. Egal ob man diesen von der Burg oder vom Land aus betrachtet. Er ist der älteste der Ruhrstauseen und hatte bis zu seiner Eröffnung 1929 eine schwierige Bauzeit hinter sich. Daher kann ihn praktisch nichts erschüttern, und er wartet geduldig auf seinen hundertsten Geburtstag. Hier entlang führt übrigens auch der asphaltierte Ruhrtalradweg, und man bekommt ein prima Gefühl für den Verlauf der Ruhr ab der Ruhrquelle in Winterberg bis zur Mündung in Duisburg. Der Hengsteysee kann entspannt mit dem Tretboot oder Kanu erkundet werden, und natürlich gibt es auch einiges im Fach Geschichte zu lernen. Denn im See stehen noch die Grundmauern von Schloss Niedernhofen, ebenso sehen Besucher den Mäuseturm auf der Hengsteyinsel, und oben bei der Burg thront das berühmte Kaiser-Wilhelm-Denkmal. Doch das Beste kommt ja bekanntlich zum Schluss. Denn wenn die Lehrer ganz besonders nett sind, dann endet der Schulausflug im Freibad Hengstey.

TIPP

Das Ausflugsschiff Freiherr vom Stein gleitet in sanften Wellen über den See.

Hengsteysee und Hohensyburg, Hohensyburgstraße 200, 44265 Dortmund
Freibad Hengstey, www.hagenbad.de
ÖPNV: Bus 432/442, Haltestelle Syburg

Einmal Rollen mit Aussicht

66 *Inlineskaten am Kemnader See*

Auf der Inlineskate-Bahn am Kemnader See in Bochum gleitet man über 10,4 Kilometer auf wunderbar glattem Asphalt. Unschöne Dellen, die den Schwung stören, sucht man hier vergeblich. Fast könnte man den Belag als Flüsterasphalt bezeichnen, doch die treuen Fans dieser Strecke nennen den Untergrund voller Zuneigung ihren Sahneasphalt. Mehr Informationen braucht man eigentlich nicht, um diese Skaterbahn, die entlang dem Kemnader See angelegt ist und ganz in der Nähe von Witten, Hattingen und Bochum liegt, zu beschreiben. Hier ziehen äußerst glückliche Inline-Skater in paradiesischer Lage am Wasser auf einem ganz eigenen Rundkurs völlig losgelöst ihre Bahnen, denn diese gehören nur ihnen. Für Fußgänger und Radfahrer gibt es eigene Spuren, doch alle sind sich einig, dass der Blick auf den Stausee und die Natur kaum zu übertreffen ist. Und im Dunkeln sieht es richtig festlich aus, denn der Weg ist bis 23 Uhr von 350 LED-Lampen erhellt und strahlt mit dem Sternenhimmel um die Wette. Profi-Inline-Skater sieht man genauso oft wie Mütter mit Kinderwagen, die im Gleichklang über die glatte Oberfläche rollen. Ein bisschen Übung gehört schon dazu, doch alle nehmen gerne Rücksicht auf jene Rollschuhfahrer, deren letzte Tour noch mit knallbunten Disko-Rollern mit dickem Stopper vorne absolviert wurde. Die Skater-Bahn ist an den meisten Stellen rund drei Meter breit, und wer nicht so flott unterwegs ist, mogelt sich als Anfänger einfach ein bisschen am Rand durch. Es wird berichtet, dass der Untergrund so konzipiert wurde, dass ein richtig schnelles Fahren gar nicht möglich ist. Es wäre doch zu schade, wenn niemand einen Blick für die weidenden Schafe, seltenen Vogelarten und die Natur hätte. Und das alles erlebt man im Entspannungs-Modus und dem gleichmäßigen Rollen von kleinen Rädchen. Wer sich während eines Sonntagsspaziergangs spontan entscheidet, ihn auf Inlineskatern zurückzulegen, kann diese vor Ort sogar leihen. Und wird staunen, wie rasch eine Runde um ist.

TIPP Inlineskater können in den Bootshallen Gibraltar geliehen werden.

Skaterstrecke Kemnader See, ab Parkplatz Oveney, Oveneystraße, 44797 Bochum
ÖPNV: Bus CE 31, Haltestelle Stiepel Dorf

RUHR-IN-LINE

Lieblingsoase

67 *Der Wasserpark in Bergkamen*

Die Stadt Bergkamen ist tatsächlich sehr nah am Wasser gebaut. Doch es gibt keinen Grund für Traurigkeit – im Gegenteil, denn überall im westlichen Ruhrgebiet und im Kreis Unna entstanden hier nach und nach blaue Glücksorte, bei denen sich ein Besuch sehr lohnt. Dazu gehört vor allem der Wasserpark Bergkamen, der vor rund zwanzig Jahren auf einer Schotterfläche gebaut wurde, auf Brachland, bei dem sich niemand hätte vorstellen können, dass dieser Ort einmal bis über die Stadtgrenzen hinaus bekannt wird. Aus Alt mach Neu, und das am besten am Wasser, dachten sich die Architekten und Planer damals, und so schufen sie mitten in der Stadt ein wahres Paradies mit rund 4.500 Quadratmetern Wasserfläche, das heute eines der Herzstücke von Bergkamen ist. Es gibt im Wasserpark Bergkamen eine breite Wasserachse mit zwei unterschiedlichen Ufern und einen großen Wasserspielplatz mit einem Grabensystem, wo schon Kinder-Kultur-Tage stattfanden. Ansonsten kann jeder bei freiem Eintritt an den Schilfufern romantisch spazieren gehen und nach Herzenslust die Promenade genießen. Hier sind Spielen, Plantschen und einfach nur Spaßhaben das Motto, und wer die Delphine am Uferrand sieht, die unermüdlich Wasser speien, möchte aus dieser Oase gar nicht mehr weg. Mächtige Trauerweiden bieten den Spaziergängern Schatten, und die Besucher können dabei Enten und Kanadagänse beobachten. Der künstlich angelegte Park wird ganz natürlich mit einem Regenwassersystem versorgt, auch eine Quelle ist vorhanden. Bergkamen verfügt zudem über ein großes Wellenbad, ein Hallenbad und das Naturfreibad Heil. Zudem lohnt sich ein maritimer Ausflug zur nahegelegenen Marina Rünthe. Auch im Winter sollte man unbedingt einen Besuch im Wasserpark Bergkamen einplanen, denn bei Schnee und Minustemperaturen glitzert die weiße Landschaft am allerschönsten. Gut ausgerüstet mit Mütze und Handschuhen, kommen bei einer kleinen Schneeballschlacht am Ufer die warmen Gedanken und die Vorfreude auf das Frühjahr von ganz allein.

TIPP Unbedingt das Naturschutzgebiet Beversee in der Nähe besuchen.

Wasserpark Bergkamen, Schulstraße, 59192 Bergkamen
Haltestelle: Bus R81, Haltestelle Weddinghofen Im Alten Dorf

Genuss am Fluss

68 *Das Gasthaus Schevener Hof in Essen*

Das Landgasthaus Schevener Hof in Essen liegt an einem der grünsten und ruhigsten Abschnitte der Ruhr und mitten in einem idyllischen Naturschutzgebiet. Die Innenstadt des Ortsteils Werden ist nur einen Spaziergang entfernt, und der Baldeneysee ist praktisch um die Ecke. Alte Kastanienbäume und Grashügel umgeben das historische Lokal, das bereits 1857 erbaut wurde. Das Gelände ist direkt verbunden mit der Steganlage des Bootsvereins EOC (Essener Outboard Club). Dieser trägt ein maritimes Qualitätssiegel, da das Wasser so sauber und klar ist, und die Anlage von den Club-Mitgliedern gepflegt wird wie ein Golfrasen. Es gibt nichts Schöneres, als an einem warmen Tag auf der Terrasse des Restaurants zu sitzen und die Schiffe an den sogenannten Schwimmstegen zu beobachten. Man verweilt dabei entspannt unter einem großen Sonnenschirm und lässt sich eine Brise maritimes Leben um die Nase wehen. Hier sind viele zufriedene Freizeit-Kapitäne, die ihre Schiffe liebevoll hegen und pflegen. Als Geheimtipp gilt, sein Boot mit Melkfett zu polieren, damit es besonders schön glänzt. In dieser friedlichen und komplett natürlichen Umgebung erleben Restaurantbesucher die Jahreszeiten besonders schön und intensiv. Bei den Bootsfahrern zählt dazu das aufwendige Ein- und Auswintern der Schiffe, beim Schevener Hof sind es die saisonalen Gerichte mit vielen Zutaten aus der Region. Hier wird zu Ostern traditionell Spargel serviert und im Sommer jeden Freitag ab 18 Uhr auf dem großen Hof mit Blick auf den Fluss gegrillt. Schöner kann ein Wochenende nicht starten. Im Herbst ist die Zeit für Bandnudeln mit Pfifferlingen und ein herzhaftes Gänseessen. Im Lokal herrscht rustikale Gemütlichkeit mit vielen Holzbalken und der noch gut sichtbaren Struktur der alten Steinmauern. Dieser Glücksort schimmert durch und durch wie ein grünes und blaues Paradies am Ruhrufer. Dabei achten Restaurant-Besucher und Bootsfahrer wie eine Familie aufeinander und die prachtvolle Natur, die sie umgibt. Glück auf! Ahoi!

TIPP

Hier gibt es am Sonntag einen Brunch mit Live-Musik.

Schevener Hof, Laupendahler Landstraße 230, 45239 Essen, Tel. (02 01) 49 15 08
www.schevener-hof.de

ÖPNV: Bus 190, Haltestelle Papiermühle

Leuchtfeuer am Kanal

69 *Der Gasometer in Oberhausen*

Wer den Gasometer in Oberhausen an der Neuen Mitte besuchen möchte, wird nie Schwierigkeiten haben, ihn zu finden. Direkt am Rhein-Herne-Kanal gelegen, ist er mit 117,5 Metern Höhe eines der höchsten Wahrzeichen im Ruhrgebiet, egal ob vom Land, zu Wasser oder aus der Luft betrachtet. Die Oberhausener nennen ihn auch gerne ihren Koloss. Der Gasometer wurde 1927 erbaut und diente als sogenannter Scheibengasbehälter, wo Gase von Hochhöfen gespeichert wurden. Seit 1994 finden hier sehr erfolgreich Ausstellungen statt. Selbst bei Dunkelheit erstrahlt das Industriedenkmal mit fast 68 Metern Durchmesser so hell, dass es Bootsfahrer gerne als Leuchtfeuer bezeichnen. Das sind sogenannte feste Lichtsignale in Ufernähe, die in der Seefahrt zur Navigation dienen. Zwar ist der Gasometer kein offizielles Schifffahrtszeichen, doch Kapitän und Crew freuen sich meistens, wenn er links von ihnen in Fahrtrichtung liegt. Denn dann ist es nicht mehr weit bis zur Schleuse in Oberhausen und dem Duisburger Binnenhafen. Und das ist für Binnenschiffer oft der Heimathafen oder zumindest häufig das Ende einer Tour. Es gibt auch diesen einzigartigen Gänsehautmoment, wenn die Sonne am Kanal untergeht und die letzten goldenen Strahlen noch glitzernd an der Hülle vom Gasometer reflektieren. Der Betrachter stellt bei diesem abendlichen Schauspiel fest, dass die Breite des Wassers gar nicht ausreicht für das markante Spiegelbild des Bauwerks. Der bronzefarbene Gigant ist eben übermächtig und wirft seinen Schatten gefühlt bis in die Unendlichkeit. Von der Besucherterrasse aus ist bei klarem Wetter sogar die Arena auf Schalke zu sehen. Und bei großer Hitze gibt es keinen besseren Ort, wo eine Abkühlung zu finden ist, als im Inneren dieses Meisterwerks der Industriearchitektur und auf den kreisrunden Ebenen, die an eine Kathedrale erinnern. Oder man geht ein paar Meter weiter zum Kanalufer und hält spontan die Füße ins Wasser, während der Gasometer gerne die Funktion eines Sonnenschirms übernimmt.

TIPP Direkt nebenan ist der Hochseilgarten Oberhausen, www.tree2tree.de

Gasometer Oberhausen, Arenastraße 11, 46047 Oberhausen, Tel. (02 08) 8 50 37 30
www.gasometer.de

ÖPNV: Diverse Straßenbahnen und Busse, Haltestelle Neue Mitte

DER BERG RUFT
BIS 27.10.2019
verlängert
JOSEF JAEGERS
VENEZIA

Optimale Fließgeschwindigkeit

70 *Silvertbach und Wasserfall in Oer-Erkenschwick*

In direkter Umgebung von Oer-Erkenschwick im Kreis Recklinghausen liegt eine zauberhafte und verwunschene Wasserlandschaft mitten im Wald. Alles hier fühlt sich an wie in einem Märchenwald, und dieser Zauber ist an jedem Gewässer in dieser Umgebung zu spüren. Es gibt den Silvertbach, dessen Name auf einen Bauernhof in der Umgebung zurückzuführen ist. Silvert heißt in etwa kleiner Bachlauf. Doch so klein ist das kristallklare Fließgewässer gar nicht, denn der Silvertbach erstreckt sich ab der Silvertbach-Quelle über eine Länge von fast elf Kilometern, bis er in Marl in den Sickingmühlenbach mündet. Mutter Natur hat bei der Entstehung dieser Gegend ein sehr glückliches Händchen gehabt und quasi als Sahnehäubchen den etwas versteckten Wasserfall Silvertbach erschaffen. Und der sieht tatsächlich so aus, als sei er frisch dem Garten Eden entsprungen, und sein gleichmäßiger Fluss hat etwas zutiefst Beruhigendes. Daher wundert es auch niemanden, dass am Wasser schon zahlreiche Schildkröten gesehen wurden, denn das ganze Naturschutzgebiet Silvertbach ist ein wahres Paradies für Flora und Fauna. Die gewissenhafte und sehr aufwendige Renaturierung trägt hier seit Langem Früchte. In diesem Biotop leben Eisvögel, Grasfrösche, Erdkröten und Bergmolche friedlich nebeneinander, und die Wasserqualität von Bach, Quelle und Wasserfall ist überragend gut. Das liegt an den vielen Bäumen im dichten Waldgebiet, die Schatten spenden, wodurch die Gewässer eine natürliche Kühlung erhalten und besonders sauerstoffreich sind. Sumpf-Dotterblumen, der Wiesen-Wachtelweizen und das Goldene Frauenhaar sind hier ebenfalls zu finden. Es fällt sofort auf, wie ruhig und friedlich es in der ganzen Gegend ist, und man genießt die Stille in dieser bäuerlich geprägten Kulturlandschaft. Es ranken sich viele Geschichten und Mythen um die Gegend bei Oer-Erkenschwick, dazu gehört auch die Sage vom Werwolf von Oer. Und der hat im Silvertbach sicher auch schon mal die eine oder andere Abkühlung genossen.

TIPP Lässt sich prima mit einem Besuch am Silbersee in Haltern am See verbinden.

Wasserfall Silvertbach, Nähe Mühlenweg, 45739 Oer-Erkenschwick

ÖPNV: Bus SB 24 Haltestelle Oer-Mitte, dann weiter auf Fußweg

71 *Die Ruhrtalbrücke in Mülheim*

Die Mintarder Ruhrtalbrücke verbindet über die A 52 die Städte Düsseldorf und Essen miteinander. Die Stadt Mülheim an der Ruhr ist dabei die Gastgeberin am Fluss, denn in ihrem grünen Ortsteil Mintard steht die weiße und mächtige Brücke, die zu den bekanntesten Wahrzeichen im Ruhrgebiet gehört. Sie ist 1.830 Meter lang und wurde im Jahr 1966 fertiggestellt. Ihre achtzehn hohen Pfeiler sind schon von Weitem zu sehen und das besonders gut aus dem Flugzeug oder immer dann, wenn man sich der Ruhr nähert. Für die Menschen in der Gegend vermittelt die Mintarder Brücke, wie sie auch genannt wird, ein großes Gefühl von Heimat. Sie gehört einfach zum Leben am Fluss dazu. So geht es auch Kölnern, wenn sie aus der Ferne den Dom oder die Leuchtreklame von Bayer Leverkusen sehen. Die Brücke in Mülheim thront stolze 65 Meter über der Ruhr und liegt in einem der schönsten Abschnitte des Ruhrtals, wo goldgelber Raps und grasgrüne Felder die Landschaft bestimmen. Besucher aus anderen Teilen Deutschlands mögen nie so recht glauben, dass hier eigentlich tiefster Ruhrpott ist. Oft wird verwundert gefragt, wo denn der ganze Kohlenstaub und die Zechen seien. Stattdessen säumen Bauernhöfe und Fachwerkhäuser die Uferwiesen, und springende Lachse sind keine Seltenheit. Und wer auf dem Wasserweg die Ruhrtalbrücke unterquert, der glaubt zuerst an ein plötzlich aufziehendes Unwetter, denn sie wirft einen so großen Schatten, dass sich der Himmel über einem kurz verdunkelt. Kühe, Pferde und Schafe suchen liebend gerne unter den Brückenpfeilern Schutz, besonders an heißen Sommertagen. Wassersportler zieht es immer wieder mit dem Kanu, dem Schlauch- oder Ruderboot hierher, und Ausflugsschiffe steuern diese Gegend bevorzugt an. Direkt am Ruhrufer haben sich ganz idyllisch Camper angesiedelt. Es fällt auf, dass diese das Naturschutzgebiet besonders achten und pflegen und immer ein schützendes Auge auf die Tierwelt haben.

TIPP Auch den Hofladen vom Schultenhof besuchen, Mendener Straße 266, 45470 Mülheim, Tel. (0 20 54) 51 23.

Mintarder Ruhrtalbrücke, sehr gute Sicht vom griechischen Restaurant Artemis, Mintarder Straße 250, 45481 Mülheim Ruhr
ÖPNV: Bus 134, Haltestelle Staader Loch

Musik am Kanal

72 *Das Amphitheater in Gelsenkirchen*

Es fällt einem richtig schwer zu entscheiden, aus welcher Perspektive das Amphitheater Gelsenkirchen direkt am Rhein-Herne-Kanal im Nordsternpark am besten aussieht. Diese tolle Kanalbühne, die von einem sternenförmigen, weißen Segel überdacht wird, ist einfach einzigartig – wie so vieles im Ruhrgebiet und ganz besonders dann, wenn ein Gewässer in der Nähe ist. Vom Land aus betrachtet, scheint die Bühne direkt im Wasser zu schwimmen, und die Fans sorgen sich schon mal darum, ob die Künstlerinnen und Künstler nasse Füße bekommen. Doch keine Sorge, die Jungs und Mädels, die auftreten, sind nicht aus Zucker. So findet hier jährlich das berühmte Rock Hard Festival statt, eine der größten Veranstaltungen in der Region. Dann strahlen die Bühne und die Empore in allen nur denkbaren und bunten Farben oder werden in einen mystischen Nebel gehüllt. Doch auch Matthias Reim, Toto und Helge Schneider haben bei Auftritten schon dafür gesorgt, dass der Konzertsaal unter freiem Himmel kochte und das Kanalwasser dazu. Denn die Stars drehen sich auf der Bühne auch gerne einmal um und genießen dann einen Sonderapplaus von den vorbeifahrenden Schiffen. Aufgrund der Nähe können sich dabei der Kapitän und die Band fast die Hand reichen. Und so hat jeder Besucher einfach einen einmaligen Blick auf die Konzerte und Veranstaltungen im Amphitheater Gelsenkirchen. Hier finden auch Programmpunkte des Kulturfestivals ExtraSchicht statt, ebenso Klassikkonzerte oder Auftritte von Coverbands aus dem Ruhrgebiet. 6.100 Besucher finden auf den Rängen Platz, für diese gibt es 4.028 Sitzplätze. Und wen die Begeisterung spontan mitreißt, der steht einfach auf. Auf Luftbildaufnahmen kann man sehr gut sehen, wie perfekt die Zuschauertribüne ausgerichtet ist. Wie ein Halbkreis zum Kanal hin, als wäre dieser mit dem Zirkel gezogen worden. Und so ist selbst aus der Luft betrachtet im Amphitheater Gelsenkirchen alles da, wo es sein soll. Eigentlich möchte man nur noch sagen: Die Spiele mögen beginnen.

TIPP Im Frühjahr findet hier immer die Schiffsparade KulturKanal statt.

Amphitheater Gelsenkirchen, Grothusstraße 201, 45883 Gelsenkirchen, Tel. (02 09) 5 08 34 05
www.amphitheater-gelsenkirchen.de

ÖPNV: Bus SB 36, Haltestelle Nordsternpark

WDR
AMPHITHEATER GELSENKIRCHEN
VELTINS

Liebe geht durch den Magen

73 *Altes Fährhaus L'Auberge St. Honoré in Wesel*

Jeder liebt die wundervolle Vorstellung, einmal so zu speisen wie Gott in Frankreich. Und von dem hört man, dass er sein kulinarisches Herz an Bislich verloren hat, einem Ortsteil von Wesel, direkt am Rhein gelegen. Hier im alten Fährhaus am Deich verzaubert die Gäste das französische Restaurant, Bistro und Café L'Auberge St. Honoré. Weiß getünchte Außenmauern, rote Fensterläden und Sonnenschirme vermitteln sofort das Gefühl, in Südfrankreich im Urlaub zu sein. Jetzt einfach auf der Terrasse die Beine hochlegen, auf Wasser und Wiese schauen und nie mehr aufstehen müssen. Eigentlich war nur eine kurze Pause während der Radtour geplant, jetzt wird ein französischer Kurzurlaub daraus. Dabei genießen Ausflügler frischen und noch warmen Apfelkuchen mit Crème Fraiche oder einen Crêpe. Den würde keiner trotz größter Mühe jemals so gut hinbekommen wie die Deutsch-Französische Mannschaft im Fährhaus. Dieses gehört drei befreundeten Familien aus Lyon, die zwei weitere Restaurants in Düsseldorf betreiben. Ihnen ist es wunderbar gelungen, die authentische, französische Landhausküche an den Bislicher Rheindeich am Nordwestrand des Ruhrgebiets zu transportieren. Im Lokal ist einfach alles ein Genuss und die Einrichtung so bunt und fröhlich, als hätte hier gerade eine private Familienfeier stattgefunden. Es gibt Pasteten im Teigmantel und dazu frischen Lachs mit Dillcreme oder einen Käseteller als Dessert. Pommes mit Mayo heißen stilvoll Assiette de frites, mayonaise maison. Die Zeit muss sein, um sich das genussvoll auf der Zunge zergehen zu lassen. Dann aber bitte herzhaft zugreifen. 1820 wurde das alte Fährhaus in Bislich gebaut, früher wurden hier die Pferde gewechselt, und Fährleute und Passagiere machten eine verdiente Pause. Seit 1898 werden im historischen Gebäude Gäste bekocht, denn der Bislicher Fähranleger liegt in Sichtweite. Und es wird gemunkelt, dass der liebe Gott da schon gesehen wurde – auf direktem Weg nach Frankreich beziehungsweise ins L'Auberge St. Honoré.

TIPP Ganz in der Nähe im Bauerncafé Hellenhof hausgemachten Kuchen genießen, www.hellenhof.de

L´Auberge St. Honoré Bislich, Marwick 26, 46487 Wesel, Tel. (02 59) 9 01 02 76
www.les-halles-st-honore.de
ÖPNV: Bus 86, Haltestelle Bislich Ortsmitte

Fähr haus
L' Auberge
ST. HONORÉ

Ja, mir san mi'm Radl da

74 *Der Ruhrtalradweg*

Wer plant, den 240 Kilometer langen Ruhrtalradweg zu radeln, muss vorab zwei wichtige Dinge wissen: Erstens gibt es kaum eine schönere Art und Weise, die Region entlang der Ruhr zu erkunden als auf dem guten alten Drahtesel. Und zweitens darf niemand sich mit Fragen quälen, ob das konditionell überhaupt zu schaffen ist, ob es regnen wird oder ob man einen platten Reifen bekommt. Denn das Tempo bei der Radtour von der Ruhrquelle bis zur Mündung bestimmt nur einer – der Radler selbst. Ein richtig schöner Sommerregen sollte einfach nur genossen werden, und das Rad kann entlang des preisgekrönten Radweges, der 2006 eröffnet wurde, an so ziemlich jedem Ort repariert werden. Bei der ganzen Strecke wird die Ruhr sechsunddreißigmal überquert. In Witten legen Radler einen Teil der Strecke sogar mit der Ruhrtalfähre Hardenstein zurück. Der Ruhrtalradweg ist offiziell in fünf Etappen aufgeteilt und führt unter anderem nach Bochum, Dortmund, Essen, Hattingen, Oberhausen, Mülheim an der Ruhr und natürlich nach Wetter. Fast alle Hotels zwischen Winterberg und Duisburg sind mit Begeisterung auf Radfahrer eingestellt. Dazu gehören Mitgefühl und Bewunderung nach einem Tag auf dem Sattel oder auch mal ein Pflaster. Zwar startet die Strecke entlang der Ruhrquelle bei Winterberg schon bald mit einem Höhenprofil von 650 Metern, doch am Ende in Duisburg sind es nur noch 17 Höhenmeter. Und es ist nicht verboten, das Rad zwischendruch zu schieben oder öffentliche Verkehrsmittel zu benutzen. Die Tour kann auf drei oder fünf Tage ausgerichtet werden, und vielleicht wird auch nur der letzte Teil der Route geradelt. So bietet sich die Strecke von 25 Kilometern zwischen Essen und Duisburg ganz wunderbar für einen spontanen Ausflug am Wochenende an. Überall im Ruhrgebiet gibt es inzwischen Leihradstationen und sogar einen Gepäckservice, der die Taschen entlang der Strecke zu dem gewünschten Hotel fährt, sodass Fahrtwind und Sommerfrische gleich noch mehr Spaß machen. Schließlich san mir mi'm Radl da.

TIPP Der blaue Glücksort Alte Fähre in Essen liegt direkt am Ruhrtalradweg.

Ruhrtalradweg und Gepäckservice
www.ruhrtalradweg.de, www.revierrad.de

Alle Vögel sind schon da

75 *Wasserschloss und Teiche in Herten*

Es geht nichts über einen erholsamen Tag am Meer, den man bei Sonnenschein im Strandkorb und mit allerbester Laune verbringt. Doch ein Besuch im Wasserschloss Herten und seinem traumhaften Park mit prachtvollen Schlossteichen macht genauso glücklich, Hauptsache Wasser ist in der Nähe, und das ist ja ohnehin so etwas wie eine Glücksgarantie. Hier am Rand der Innenstadt von Herten befindet sich eines der schmuckvollsten Wasserschlösser in ganz Nordrhein-Westfalen. Wie sehr das Schloss von Wasser umgeben ist, zeigen am besten Luftaufnahmen. Der spätgotische Ziegelbau wurde erstmals 1376 erwähnt und wird von einem stattlichen Wassergraben umrundet. Hinzu kommen verwunschene Schlossteiche im dreißig Hektar großen Schlosspark, der nach dem Vorbild eines englischen Landschaftsgartens gestaltet wurde. Hier lässt es sich an einem Holzsteg richtig gut aushalten, während die Gedanken schweifen und die Wasservögel friedlich ihre Bahnen ziehen. Denn die Anlage um das Wasserschloss Herten ist das Zuhause von unzähligen Schwanenpaaren, Entenfamilien und auch vielen seltenen Vogelarten, die sich besonders am Ufer rundum wohlfühlen. Eine solche Fülle von Vögeln am und auf dem Wasser ist nur selten zu finden. Dieser Bestand wird daher in Herten liebevoll gehegt und gepflegt, und die Besucher erfahren alles über die Artenvielfalt. So können putzige Zwergtaucher bei der Arbeit beobachtet werden, und Spaziergänger lernen, dass deren Tauchgang schon mal dreißig Sekunden dauern kann. Ein grünfüßiges Teichhuhn ist zu bewundern, das sich mit seinem starken Schnabel überall festhält, ebenso ein stolzer Graureiher, der auch als Fischreiher bekannt ist. Hier läuft der schönste Naturfilm, und es fällt schwer, sich zu lösen von den vielen Nilgänsen und Kormoranen, die bis zu neunzig Zentimeter groß werden. Mit diesem Idyll kann eigentlich nur die Narzissenblüte im Frühjahr, ebenfalls im Schlosspark Herten, mithalten, ganz besonders, wenn die gelben Blumen ganz zart auf den Teichen treiben.

TIPP Der Eintritt in den Park ist frei, und auf dem Gelände gibt es ein Schlosscafé.

Wasserschloss Herten, Im Schlosspark, 45699 Herten
www.herten.de

ÖPNV: Bus 249, Haltestelle Schloss Herten

Vom Scheitel bis zur Sole

76 *Das Solbad Vonderort in Oberhausen*

Die Zutaten für diesen Glücksort sind denkbar einfach: 32 Grad warmes Sole-Wasser und drumherum wird ein zauberhaftes, himmelblaues Wellness-Bad mit sonnendurchfluteten Panoramafenstern gebaut. Und ab da ist alles im Fluss im Solbad Vonderort in Oberhausen direkt am Revierpark. Die Badegäste treiben tiefenentspannt auf dem Rücken durch eines der kreisrunden Becken, der Alltagsstress ist längst davongeschwommen, und alle möchten nur eines – Meer. Mehr von der heilenden Wärme des Wassers, mehr von den Wolken, Schneeflocken oder dem Sonnenschein, der durch das gläserne Dach schimmert. Wir schwimmen nicht, sondern gleiten durch das Wasser, machen kleine Pausen, strecken und dehnen uns in alle Richtungen oder treiben einfach nur auf der Stelle. Die Schwerelosigkeit ist längst eingetreten – und das vom Scheitel bis zur Sohle – in einem der schönsten Bäder in der Umgebung und im tiefsten Herzen vom Pott. Da, wo früher richtig malocht wurde, findet heute ein Kurzurlaub statt, der nachweislich eine heilende Wirkung hat. Die lebenswichtigen Mineralien der Sole wirken entschlackend und können sogar Verspannungen lösen. Wer mag, nimmt im Solbad Vonderort kostenlos an Kursen für Wassergymnastik teil. Oder macht es sich im kuscheligen Bademantel in einer Liege am Beckenrand gemütlich. Schäfchen zählen ist dabei fast überflüssig. Wirklich jeder kommt sofort zur Ruhe in dieser friedlichen Oase. Unzählige grüne und blaue Mosaik-Kacheln schimmern im Wasser. Ein Gesamtkunstwerk, das Körper und Seele strahlen lässt. Es stimmt, dass Menschen immer ruhiger werden, sobald sie am Wasser sind. Hier sind alle Schwimmer sehr schnell sprachlos und fühlen sich so richtig geborgen. Wie beim sanften Wasserstrudel im großen Becken, der in einem harmonischen Bogen durchschwommen werden kann. Wer zu zweit da ist, bewegt sich Hand in Hand durch die Wellen. Die Seele schlägt nach dem zutiefst glücklich machenden Besuch mindestens einen Purzelbaum. Und fragt, wann der nächste Besuch ans Meer geplant ist.

TIPP **Unbedingt die Saunalandschaft und das Außenschwimmbecken besuchen.**

Solbad Vonderort, Bottroper Straße 322, 46117 Oberhausen, Tel. (02 08) 99 96 80
www.revierpark.com
ÖPNV: Bus SB 91, Haltestelle Revierpark Vonderort

77 Das Alte Hafenamt in Dortmund

Das Alte Hafenamt in Dortmund am Rhein-Herne-Kanal im Dortmunder Hafen, in dem lange die Hafendirektion ansässig war, fiel schon immer auf. Zum einen weil das Gebäude, das im Stil der Neorenaissance erbaut wurde, wahrhaft eine bauliche Schönheit ist – mit vielen Zinnen, Giebeln und einem prunkvollen Eingang, umrahmt von verschnörkelten Säulen. Zum anderen ging es bei der Erbauung dieses maritimen Prachtbaus in erster Linie darum, das Alte Hafenamt als Wahrzeichen und für die Binnenschiffer wie einen Leuchtturm zu etablieren, denn zeitgleich wurde auch der Hafen von Dortmund eingeweiht. Und wer ganz genau in die Geschichtsbücher schaut, entdeckt, dass dies am 11. August 1899 durch Kaiser Wilhelm II. geschah und für Wilhelm II. das prunkvolle Kaiserzimmer eingerichtet wurde, in dem Brautpaare sich heute sehr romantisch trauen lassen können. Hier gibt es einen runden Tisch, tiefrote Tapeten mit Ornamenten, und die Gäste fühlen sich wie in einer historischen Puppenstube. Am selben Tag hat der Kaiser auch das Schiffshebewerk Henrichenburg in Waltrop eröffnet. Eine genaue Uhrzeit ist nicht bekannt, doch man kann ihn nur beneiden um diesen sicher sehr schönen Sommertag an gleich zwei blauen Glücksorten. In Köln zum Beispiel wurde für ihn ein Kronleuchtersaal zur Verfügung gestellt, doch er sagte den persönlichen Besuch ab. Das Backsteingebäude im Dortmunder Hafen wird gerne als Schmuckkästchen bezeichnet. Für einstündige Führungen ist eine Voranmeldung notwendig. Doch auch ein Außenbesuch lohnt sich immer, denn von hier hat man den perfekten Blick auf den nahen Containerterminal. Und wer seine Uhr vergessen hat, schaut einfach auf die großen Zeiger am 38 Meter hohen Eingangsturm des Alten Hafenamts. Aktuell ist dort der Wachdienst der Wasserschutzpolizei stationiert, und das ist kein Zufall. Denn der Dortmunder Hafen ist einer der größten Kanalhäfen in Europa und gilt als wichtige Drehscheibe für die Binnenschifffahrt. Hier ist die Zeit ganz sicher nicht stehen geblieben.

TIPP Das Standesamt Dortmund gibt gerne Auskunft zu den Trauungen hier, Tel. (02 31) 5 01 33 31.

Altes Hafenamt Dortmund, Sunderweg 130, 44147 Dortmund
Führungen www.kulturvergnuegen.com
ÖPNV: U 47, Haltestelle Hafen

HAFENAMT

Wir machen blau

78 *Das Rheinstrand-Café Ziegenpeter in Duisburg*

Es ist ein strahlend sonniger Samstagmorgen, und das Wochenende beginnt gerade erst. Die Eckdaten für den Himmel: blau, blauer, am blausten. Hausputz und Gartenarbeit werden gerne und spontan vertagt, und die endlos lange Aufgabenliste wandert in die Schublade. Heute wird blau gemacht, ganz ohne schlechtes Gewissen, und es gibt dafür ein ausgiebiges Frühstück im Rheinstrand-Café Ziegenpeter im Rheinpark in Duisburg-Hochfeld. Dort wird am hauseigenen Sandstrand im Liegestuhl versonnen ein selbst gemachter Vanillejoghurt mit frischen Früchten geschlemmt. Dazu gibt es feinste Marmelade aus eigener Herstellung sowie einen kühlen Prosecco. Fast nirgendwo im Umland kann noch näher am Rhein gespeist werden, denn dieser fließt hier direkt vor der Haustür. Und somit ist die nächste und sehr wichtige Entscheidung gefallen – das Mittagessen steht an, und auch der Wochenendeinkauf muss warten. Besonders, da es in diesem tollen Lokal, wo Menschen mit und ohne Behinderung arbeiten, so fantastisch schmeckt. Es ist einfach nur schön, auch selbst einmal liebevoll bekocht zu werden. Hier im Ziegenpeter essen und genießen die Gäste im Einklang mit den Jahreszeiten ganz viele regionale Produkte. Und wer gerne etwas Neues probiert, wird garantiert auf seine Kosten kommen. Neben knusprigen Flammkuchen mit Ziegenkäseschmand und Birne gibt es einen einzigartigen Ziegencamembert im Aschemantel oder delikate Pasta mit einer Ziegenkäse-Walnusssoße. Nun nur noch den Liegestuhl einen Hauch mehr in die Sonne rücken, bevor einen der wohlige Mittagsschlaf überkommt. Danach stellt man fest, dass auch der Innenbereich vom Ziegenpeter bewundert werden muss. Dieser wurde mit hellem Holz und vielen Pflanzen im skandinavischen Stil gestaltet. Köstliche Essensdüfte ziehen hier durch die gemütlichen Räume. Eigentlich muss auch noch der frisch gebackene Kuchen probiert werden, denn die Abendkarte wurde schon morgens studiert. Ein Glückstag ohnegleichen für Körper und Geist.

TIPP Unbedingt auf der gegenüberliegenden Rheinseite den historischen Brückenturm Rheinhausen bestaunen.

Ziegenpeter, Liebigstraße 70, 47053 Duisburg, Tel. (02 03) 72 99 95 46
www.ziegenpeter-duisburg.de
ÖPNV: STR 903, Haltestelle Hochfeld-Süd

Schneeweiße Schwestern

79 *Die Weiße Flotte in Mülheim*

Die strahlend hellen Fahrgastschiffe der Weißen Flotte sind so etwas wie die königliche Familie von Mülheim an der Ruhr und seit 1927 das stolze und beständige Wahrzeichen der Stadt. Alle Mülheimer verbinden mit ihnen liebevolle Erinnerungen an wunderschöne Sonn- und Sommertage auf dem glitzernden Wasser. Es gibt Momente, da duftet die Ruhr wie feinster Moschus oder riecht nach einer Mischung aus Rosmarin und Kornblumen. Oft treiben bunte Blüten in dichten Teppichen auf dem Wasser, und die Fahrgäste genießen die heimatliche Bootsfahrt in vollen Zügen. Die historischen Schiffe vermitteln ein Gefühl von Beständigkeit, purem Glück und haben bisher jeden Sturm überstanden. Sie sehen aus wie Schwestern, und ihr Heimathafen ist der Wasserbahnhof in Mülheim. Sie heißen: MS Friedrich Freye, MS Mülheim a. d. Ruhr und MS Heinrich Thöne. Aufmerksame Gäste haben sofort gemerkt, dass irgendwann die MS Oberhausen fehlte, von der echte Seebären behaupten, man würde sie sogar im Schlaf an ihrem Sog- und Wellenschlag erkennen. Doch es gab rasch Entwarnung. Das Fahrgastschiff fährt heute zwar nicht unter falscher Flagge, dafür aber im eleganten schwarz-weißen Gewand weiter – mit dem stolzen Namen Ruhrperle und als Eventschiff. Für waschechte Mülheimer wird sie aber immer die gute, alte Oberhausen bleiben. Und weiterhin liegen die vier Schiffe einträchtig und gemeinsam an der Schleuseninsel und starten ab hier ihre Touren. Dabei geht es nach Kettwig oder auf eine der zahlreichen Sonderfahrten durch den ganzen Ruhrpott. In Mülheim erzählt jede der Haltestellen ein Stück Stadtgeschichte: Wasserbahnhof, Hahnenfähre, Am Damm, Mintard und Kettwig Unterwasser. Die Boote bekommen zudem regelmäßig einen neuen Anstrich und werden generalüberholt, um für die nächsten Schiffstouren in frischem Glanz und kompletter Schönheit zu erstrahlen. Denn die Weiße Flotte ist inzwischen zu fast allen Jahreszeiten im Einsatz, auf sie ist Verlass bei Wind und Wetter – wie es sich für echte Königinnen eben gehört.

TIPP Beim Wasserbahnhof steht eine weitere Berühmtheit: die mannshohe Skulptur Der Bogenschütze.

Weiße Flotte, Alte Schleuse 1, 45468 Mülheim, Tel. (02 08) 4 55 81 30
www.muelheim-tourismus.de

ÖPNV: Diverse Straßenbahnen und Busse bis Haltestelle Mülheim Stadtmitte

RUHR PERLE

Von Kohle, Wasser & Wolken

80 *Die Landmarke Das Geleucht in Moers*

Beim Urgroßvater hing die Grubenlampe aus Messing im Wohnzimmer und wurde gehütet wie ein Schatz. Sie war eine stolze Erinnerung an die goldenen Zeiten des Bergbaus im Ruhrgebiet. Heute erinnert in Moers direkt am Rhein eine überdimensionale feuerrote Grubenlampe von über 30 Metern Höhe an die Zeit, als noch unter Tage gearbeitet wurde. Die Landmarke Das Geleucht erstrahlt so mächtig und hell wie der schönste Leuchtturm im hohen Norden und wurde 2007 im Stadtteil Meerbeck auf der ehemaligen Halde von Rheinpreußen errichtet. Von der zehn Meter hohen Aussichtsplattform des Wahrzeichens gibt es einen richtigen Sehnsuchtsblick auf Vater Rhein und den Hafen in Duisburg. Hier haben Besucher eine 360-Grad-Rundumsicht – von nirgendwo sonst können die Linien des mächtigen Stroms so im Detail erkannt werden. Das 115 Tonnen schwere Kunstwerk aus Stahl wurde von Otto Piene entworfen und steht als Symbol für Kohle, Wärme und Energie. Ein Geleucht bezeichnet das persönliche Licht, welches der Bergmann früher mit sich führte und nicht aus den Augen ließ. Es war quasi seine Lebensversicherung in den meist dunklen Schächten. Auch heute noch fühlt man sich auf den grünen Wiesen, wo sich das Montankunstwerk befindet, ein bisschen wie zwischen den Welten. Der Haken der wohl größten Grubenlampe der Welt scheint sich wie eine Himmelsleiter in die Wolken einzuklinken. Der gesamte Ort strahlt eine große Ruhe aus, und wirklich jeder kann hier ganz wunderbar loslassen. Eine leichte und luftige Anhöhe, die von vielen Bäumen umgeben ist, muss jedoch zuerst erklommen werden. Es fühlt sich an wie der schönste Deichspaziergang, und sogar Möwen ziehen hier ihre Kreise. Die Geräusche des Schiffsverkehrs begleiten einen in dieser Gegend zudem bei Tag und bei Nacht. Für jeden, der Das Geleucht besucht, ist der Weg schon einmal das Ziel – und noch viel mehr. Wer nach seinen Wurzeln im Kohlenpott sucht, wird sie hier auf jeden Fall finden, das ist fest versprochen. Glück auf, Glück auf!

TIPP Auch der denkmalgeschützte, 200 Meter hohe Stadtwerketurm in Duisburg strahlt in schönstem Grün.

Das Geleucht, Gutenbergstraße, 47443 Moers, Tel. (0 28 41) 5 52 89
www.das-geleucht.de
ÖPNV: Bus NiAG Linie 4, Haltestelle Waldsee